AF476137

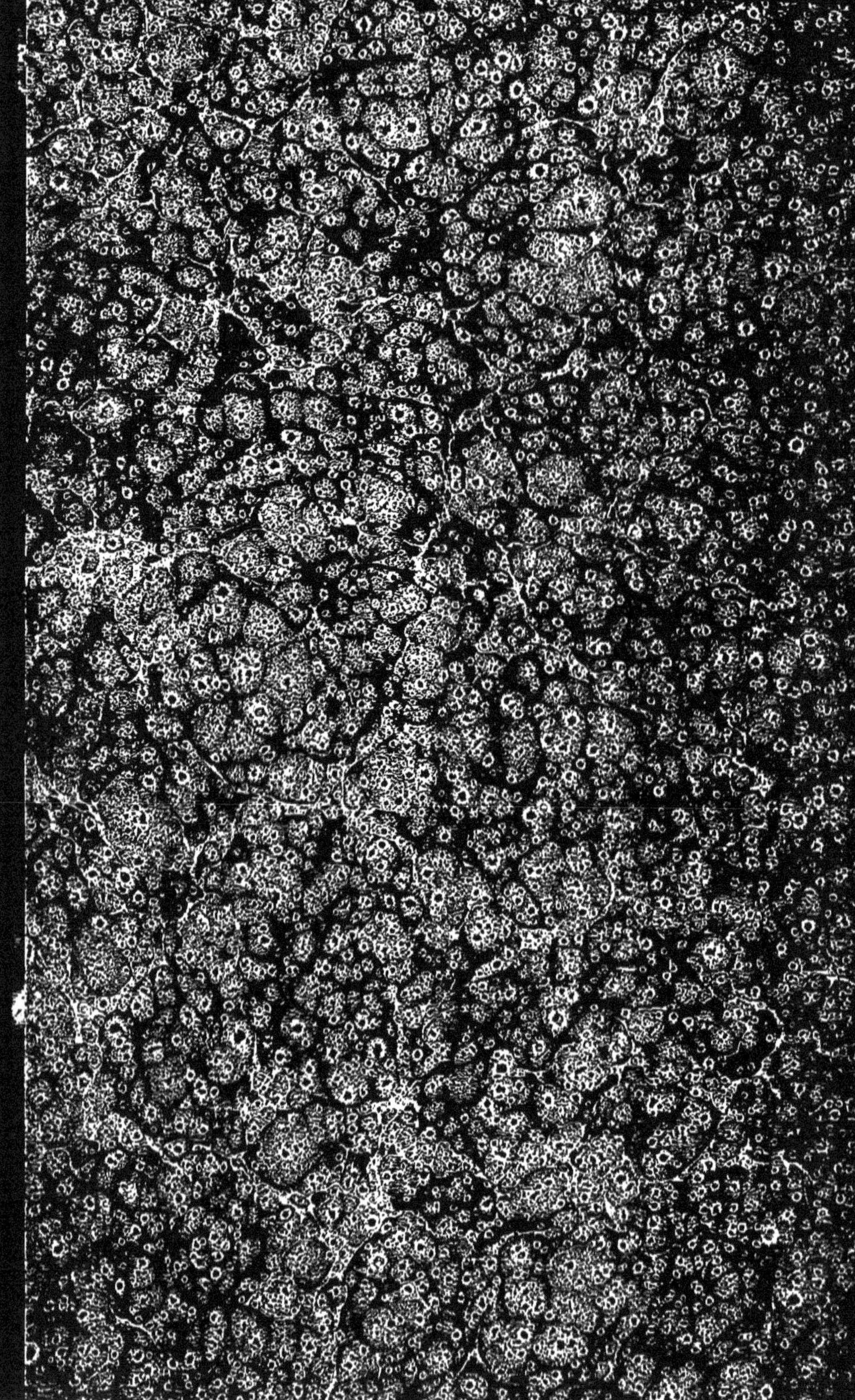

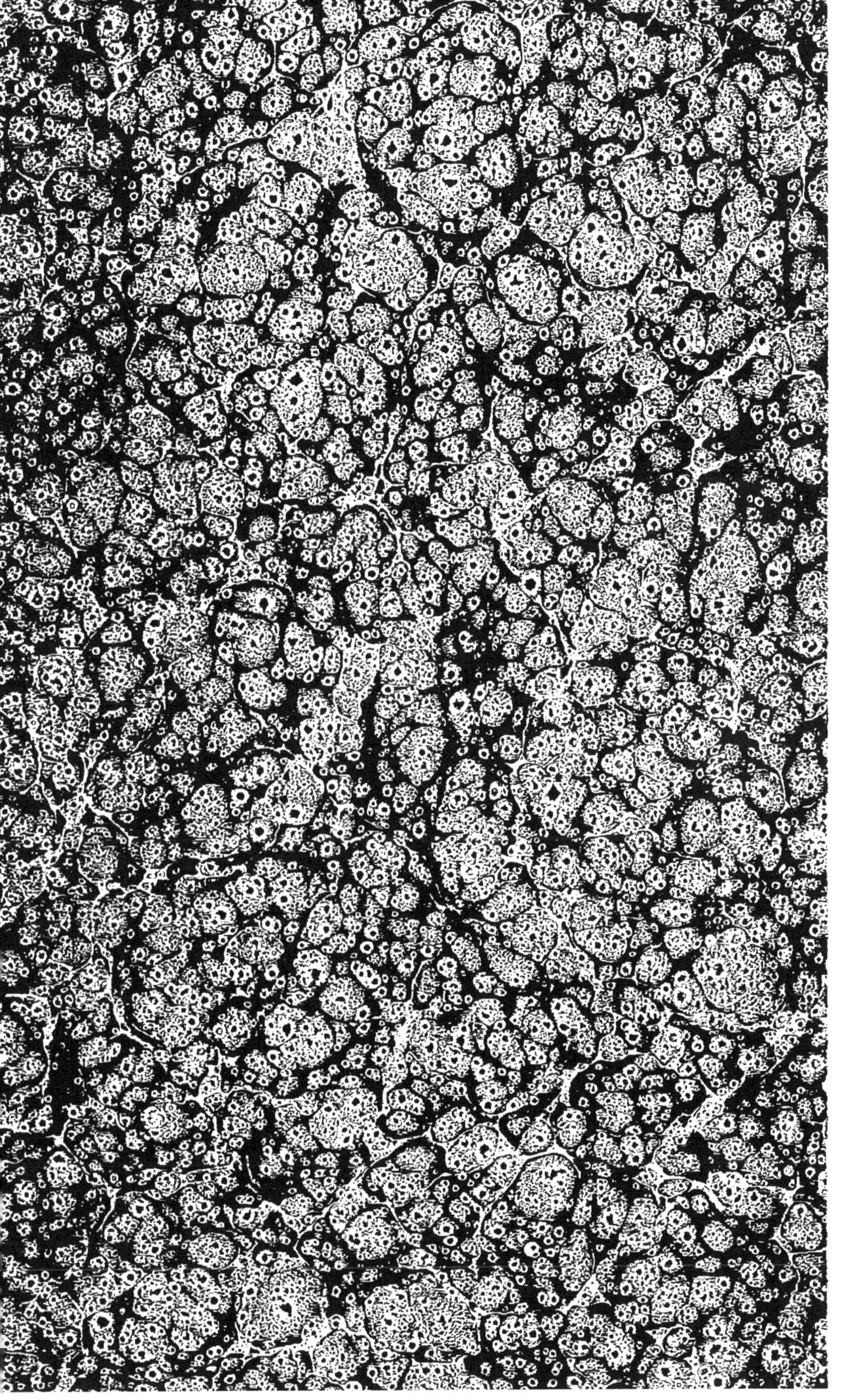

TIO TOMAS.

TIO TOMAS.

SOUVENIRS

D'UN SOLDAT

DE CHARLES V,

PAR

ALEXIS SABATIER,

LIEUTENANT-COLONEL D'INFANTERIE
AU SERVICE D'ESPAGNE,
DEUX FOIS CHEVALIER DE PREMIÈRE CLASSE DE L'ORDRE
ROYAL ET MILITAIRE DE SAINT-FERDINAND.

BORDEAUX,

CHEZ **GRANET**, LIBRAIRE, S^{T}. DE L. D'ESCURES,
ALLÉES DE TOURNY, N°. 2.

1836.

BORDEAUX, IMPRIMERIE DE SUWERINCK,
Rue Marchande, 6.

Au Lecteur.

La cause de la légitimité, comme tout autre cause politique, peut et doit être défendue de bien des manières : par le sabre, la plume, la parole et la bourse ; et c'est ainsi que tout homme dont le dévouement n'est point mensonge ou pusillanimité, peut contribuer à son triomphe.

Jusqu'à présent, j'avais cru n'être appelé à servir la cause sacrée à laquelle j'appartiens par le fond de mes entrailles, qu'en exposant ma vie pour elle, et voilà que tout-à-coup quelques amis, peut-être imprudents, m'ont fait croire que je pouvais encore la servir comme écrivain, en publiant quelques lignes que le désœuvrement du blessé et celui du prisonnier m'ont fait écrire.

Ne pensez pas cependant, mon cher Lecteur, que j'aie la vaine prétention de faire briller de tout son éclat le sceptre de Sa Majesté Charles V, *l'épée de l'immortel Zumalacarregui, et de mettre dans son vrai jour le triomphe des armées fidèles d'Espagne! Mais à l'historien d'une guerre, il faut des faits que le soldat peut seul fournir. Soldat de Charles V, je dis une partie de ce que j'ai vu sur des champs de bataille que deux fois j'ai arrosés de mon sang; d'autres diront aussi ce qu'ils ont vu, et l'ensemble de ces témoignages fournira des pages impérissables aux annales militaires du monde.*

Alexis Sabatier.

La Navarre.

I.

Navarre! gloire à toi! Tu défends la cause de Dieu, la cause de la patrie, la cause du Roi, celle de la vraie liberté! Navarre! tu vaincras!

Une victoire, après six siècles de combats contre les Maures vainqueurs et maîtres des Espagnes, a appris au monde la noble fermeté et l'héroïque constance de tes enfants; et la retraite des rares débris d'une armée formidable, détruite par le feu intelligent de tes invincibles guérilles, a révélé aux hommes de ce siècle et des siècles à venir, que dans ton sein brûlait encore le feu sacré du plus noble dévouement à la cause de Dieu et de la patrie. Alors on vit tes enfants victorieux déposer sous l'humble chaume, aux pieds de la statue de la Vierge placée près du foyer, le mousquet terrible du guérillero de la montagne.

Navarre! gloire à toi! Tu défends la cause de Dieu, la cause de la patrie, la cause du Roi, celle de la vraie liberté! Navarre! tu vaincras!

2.

Tes enfants cultivaient en paix la terre abreuvée du sang d'innombrables guerriers français, lorsque tout-à-coup l'hydre révolutionnaire fait entendre son horrible sifflement dans la cité où résident tes Seigneurs. Il a frappé ton oreille, ce sifflement, et tu as entendu le bruit des chaînes que voulait t'imposer une maîtresse usurpatrice. Et voilà que du sommet de tes montagnes part ton formidable cri de guerre. Les mille échos de tes vallées le répètent. Au silence religieux de tes campagnes succède le bruit des armes et des pas précipités de la guérille; car tes enfants, après avoir fait bénir leurs armes et reçu un scapulaire neuf des mains du prêtre du village, ont dit : La guérille se lève! Elle s'est levée; et la guérille navarraise ne rentre que lorsqu'il n'y a plus d'ennemis à combattre.

Navarre! gloire à toi! Tu défends la cause de Dieu, la cause de la patrie, la cause du Roi, celle de la vraie liberté! Navarre! tu vaincras.

3.

Huit cents baïonnettes se montraient çà et là dans tes bois protecteurs, et cinquante mille soldats se disposaient à combattre tes huit cents héros. Vont-ils, ces défenseurs de l'usurpatrice, fouler de leurs pieds impurs tes glorieuses bruyères? Vont-ils, par leur présence, profaner la sainte obscurité de tes forêts, vrai sanctuaire de la gloire? Un homme paraît! La Providence l'a suscité et l'envoie. Tes ennemis tombent par milliers, et tes enfants, arrivés au combat avec le bâton du berger ou la pioche du laboureur, en reviennent avec l'arme qu'a su arracher leur valeur à un ennemi vaincu.

Je compte aujourd'hui tes nombreux bataillons, tes nombreux combats et tes nombreuses victoires; et, supputant les soldats qui, sous la pointe de tes baïonnettes ont perdu la vie, je me demande, comment tant de triomphes? J'ai vu tes drapeaux, et j'ai lu : *La mère des sept douleurs généralissime des armées d'Espagne.* Marie protége tes armes, tes enfants et ta cause.

Navarre! gloire à toi! Tu défends la cause de Dieu, la cause de la patrie, la cause du Roi, celle de la vraie liberté! Navarre! tu vaincras!

4.

Tu avais à défendre, avec tes franchises, la cause de ton Prince. Il accourt, et le voilà bientôt au milieu de tes guerriers. Sous le chêne de Guernica, ombrageant de ses antiques branches un autel du vrai Dieu, il jure de maintenir tes priviléges, et toi, tu lui jures fidélité à la vie et à la mort. Sur ce double serment, descendent, avec les bénédictions du prêtre, les bénédictions de Dieu. Navarre! tu as su montrer au monde ce que c'est qu'un peuple, et ton Roi lui a appris ce que c'est qu'un Roi.

Navarre! gloire à toi! Tu défends la cause de Dieu, la cause de la patrie, la cause du Roi, celle de la vraie liberté! Navarre! tu vaincras!

5.

Le héros dont tes montagnes et tes vallées rediront à jamais le nom, a fini sa miraculeuse carrière; mais il est mort grand, parce qu'il fit de grandes choses et qu'il est mort pur. Tu n'entendras plus sa voix puissante et terrible comme la foudre; tu ne verras plus briller son œil de feu. Mais son nom te reste; mais son épée brille encore entre les mains de ton Roi; mais son tombeau, tu le possèdes, et sur la pierre de ce tombeau tes enfants ont laissé glisser la pointe de leur baïonnette, et, pleins de cette confiance impérissable qu'inspire la cause de Dieu, ils ont volé à de nouveaux combats et à de nouvelles victoires.

Navarre! gloire à toi! Tu défends la cause de Dieu, la cause de la patrie, la cause du Roi, celle de la vraie liberté! Navarre! tu vaincras!

6.

Entends-tu les cris de fureur que tes triomphes arrachent encore à tes ennemis? Tu as vu du haut de tes montagnes briller les feux sacriléges de la Catalogne, où l'on ne veut pas de la maîtresse qui n'a pu triompher de toi! Le dernier soupir du prêtre frappé dans le sanctuaire, celui d'une mère coupable des succès glorieux de son fils, ont frappé ton oreille vigilante. Tu as entendu les chefs dégradés des satellites de l'usurpatrice demander au monde entier un humiliant secours. Ils ont crié au Nord, ils ont crié au Midi, ils ont crié à l'Orient, ils ont crié à l'Occident; et aussitôt on a vu les ennemis que la révolution te destinait s'agiter dans la fange des rues sous les coups de balai du protecteur de la salubrité publique. Ils sont indignes de toi, indignes même de mourir de la main d'un Navarrais, ces hommes dont personne au monde ne pleurera la mort, tant on a pleuré sur leur vie; mais ne sont-ils pas dignes à tout titre de ceux qui les convient à des triomphes, et qui n'ont bientôt à leur offrir qu'une mort ignominieuse ou un sort plus ignominieux encore !

Navarre ! gloire à toi ! Tu défends la cause de Dieu, la cause de la patrie, la cause du Roi, celle de la vraie liberté ! Navarre ! tu vaincras !

7.

Femmes et filles de la Navarre, fuyez à l'approche des hordes que l'Europe a vomies sur votre terre sacrée. Emportez en fuyant les symboles de votre culte. Arrachez de vos temples tout ce qui respire la foi et pourrait exciter, ou la haine furieuse de l'impie, ou la cupidité de l'homme sans justice. Fuyez ! que vos temples soient vides comme vos maisons, car vos ennemis n'adorent point Dieu. Vous fuirez, mais vous fuirez en combattant, et vous révélerez encore au monde ce que peut la Navarraise défendant son Dieu, sa patrie, son Roi et son honneur.

Navarre ! gloire à toi ! Tu défends la cause de Dieu, la cause de la patrie, la cause du Roi, celle de la vraie liberté ! Navarre ! tu vaincras !

8.

Navarre! trois ans de glorieux combats ont fait l'étonnement du monde et sont le modèle du plus pur patriotisme. Rien n'a pu éteindre le feu sacré qui brûle comme une perpétuelle flamme dans le cœur noble et religieux de tes enfants. Voici sonnée l'heure dernière des méchants. *Si le cri de guerre se fait entendre dans le pays, les Navarrais doivent partir et aller trouver le Roi. Navarrais! aux armes! aux armes!* Votre Junte royale de gouvernement s'est décidée à vous faire entendre ce cri de guerre : *Aux armes! aux armes!*

9.

Navarre! gloire à toi! Tu défends la cause de Dieu, la cause de la patrie, la cause du Roi, celle de la vraie liberté! Navarre! tu vaincras!

Navarre! nous ne voyons pour toi que des lauriers à cueillir : tu as en main le glaive de la colère de Dieu, de cette colère qui pousse les ennemis du bonheur de la société à aller chercher un tombeau dans tes vallées. Ah! avec grand soin, éloigne leurs restes des restes de tes enfants morts pour la sainte cause, car un jour le voyageur ira religieusement visiter les lieux célèbres par tes exploits, et fléchir le genou sur la tombe de tes martyrs. Navarre! fidèle à ton noble caractère, tu ne déposeras point les armes que tu ne puisses entonner, sous les basiliques de Madrid, le chant religieux de la victoire et de la paix. Vaincre ou mourir! voilà ton éternelle devise; car la guérille navarraise sort toujours quand le devoir l'appelle, et ne rentre que lorsqu'il n'y a plus d'ennemis à combattre.

Navarre! gloire à toi! Tu défends la cause de Dieu, la cause de la patrie, la cause du Roi, celle de la vraie liberté! Navarre! tu vaincras!

INTRODUCTION.

COUP D'OEIL RAPIDE

SUR LES ÉVÉNEMENTS ARRIVÉS EN ESPAGNE DEPUIS LA MORT DE FERDINAND, JUSQUES A L'ENTRÉE DE CHARLES V.

La Princesse Marie-Christine, fille du feu Roi de Naples François 1er, fut unie, le 11 décembre 1829, à Ferdinand VII, Roi d'Espagne, déjà veuf trois fois. La jeune Reine, poussée par sa sœur Louise-Charlotte, épouse de l'Infant François de Paule, profita de l'empire qu'elle avait acquis sur son faible mari, pour faire révoquer la loi salique, qui, depuis le règne de Philippe V, réglait en Espagne les droits de succession au trône. Abusé par les sollicitations de sa femme, que secondaient puissamment les courtisans, Ferdinand consentit, et le décret d'abrogation fut publié le 29 mars 1830. Charles X, Louis-Philippe, alors duc d'Orléans, le Roi de Naples, et celui de Piémont, protestèrent.

En 1832, Ferdinand, revenu d'une grave maladie qui l'avait conduit aux portes du tombeau, éclairé de plus par les sages conseils de quelques vrais amis, pressentit les suites funestes que son décret pouvait avoir pour la tranquillité de son peuple; alors il s'empressa de le révoquer par un acte de reconnaissance des droits de son frère, acte qui rendait toute sa vigueur à la loi salique.

Quelques mois plus tard, le Roi, entièrement rétabli, fut de nouveau placé sous les mêmes influences qui lui avaient arraché le décret du 29 mars 1830. Il annula donc sa déclaration dernière par un nouveau décret daté de décembre 1832.

Le jour où Ferdinand léguait, par ce dernier décret, à son malheureux royaume, les horreurs de l'anarchie et de la guerre civile, le libéralisme triomphait, parce qu'il concevait l'espérance que don Carlos, dont la noble fermeté était connue, ne monterait pas sur le trône. Avec le parti libéral, triomphait une femme dont ce même parti exploitait la haine pour la vertueuse épouse de don Carlos; c'était la princesse Louise-Charlotte de Paule.

Don Carlos partit alors avec sa royale épouse, ses jeunes enfants et la Princesse de la Beyra, sa belle-sœur, pour le Portugal, où il était encore le 29 septembre 1833, jour de la mort du Roi Ferdinand.

En apprenant cette nouvelle, don Carlos se porta vers la frontière espagnole, dans l'intention et avec l'espoir de pénétrer en Espagne, et de se réunir aux nombreux volontaires qui, en son royal nom, avaient pris les armes en Castille, sous les ordres de Mérino et Cuevillas. Mais mille circonstances qui se succédèrent empêchèrent la réussite de ce projet. Le restant des événements est universellement connu. Le Roi Charles V s'embarqua pour l'Angleterre.

Pendant que Charles V tentait de pénétrer en Espagne, l'homme prodigieux qui a pris rang dans le nombre des plus illustres capitaines, était déjà arrivé au milieu des braves volontaires qui s'étaient levés en Biscaye, sous les ordres de Valdespina et Zavala. L'infortuné Santos-Ladron avait péri victime de la cruauté de Lorenzo, et Eraso, surpris malade sur l'extrême frontière, avait été interné en France. Ituralde remplissait comme par intérim les fonctions de commandant en chef de l'armée carliste navarraise. C'est alors que don Tomas Zumalacarregui se rendit en Navarre, et commença cette carrière militaire qui lui assure un rang éternel d'honneur dans les fastes militaires du monde, et qui m'impose le devoir de présenter un aperçu général sur la vie antérieure de cet homme extraordinaire.

Don Tomas Zumalacarregui naquit le 29 décembre 1788, à Ormaistegui, dans la province de Guipuscoa, village de 100 feux et de 400 habitants, à une lieue et demie de Villafranca, et sur la grande route de cette ville à Tolosa. La maison dans laquelle il est né se trouve en face de l'église, et est habitée par un de ses frères, curé de ce village.

C'est dans le lieu même de sa naissance qu'il reçut les premiers principes de son éducation. Après être resté quelque temps auprès d'un parent notaire à Idiazabal, le jeune Tomas fut envoyé à St.-Sébastien, où il acheva sa première instruction. Il faisait son droit à Pampelune à l'époque de l'invasion française; mais Zumalacarregui avait une ame trop généreuse pour ne point prendre une part active dans là lutte sublime qui a couvert ce peuple de gloire. Le jeune étudiant quitta les bancs de l'école et s'enrôla comme volontaire dans la division de Mina. Plus tard il a prouvé qu'il en savait plus que son maître.

Peu de temps après son enrôlement, sa qualité de guipuscoan nécessita son entrée dans la division de Jaurregui, surnommé *el pastor* à cause de son ancienne condition de berger. Sa bonne conduite et les talents militaires que l'on remarquait déjà en lui, lui méritèrent la confiance de son chef qui, en l'élevant au grade de sous-lieutenant, en fit son secrétaire. Tomas exerça ce dernier emploi jusques à l'entier abandon de l'Espagne par les français; alors il était lieutenant. En 1814, époque de la rentrée de Ferdinand, il resta quelque temps sans servir, mais il ne tarda point à être rappelé dans les cadres de l'armée avec le grade de capitaine et le commandement d'une compagnie d'infanterie du régiment de Bourbon. Lorsque plus tard ce régiment fut licencié, il fut envoyé dans le régiment des *Ordres Militaires*. En 1820, il était encore capitaine.

Ceux qui, à cette époque, tramaient la ruine de l'Espagne, ne négligèrent rien pour le faire considérer comme un ennemi des institutions libérales, et obtenir son renvoi de l'armée; mais il y fut maintenu, et continua d'en faire partie jusques en 1822. A cette époque, il quitta son régiment, en garnison à Pampelune depuis un an, et entra dans l'armée de la foi, commandée par Quesada. On lui confia le commandement d'un bataillon, et il justifia bientôt par sa bravoure et ses talents militaires, qu'il était digne du grade auquel il avait été promu.

J'emprunte les passages suivants, sur Zumalacarregui, à un acticle publié dans les colonnes de la *Gazette de France*, par le comte A. de V. :

« Après la guerre de 1823, il fut fait lieutenant-colonel du régiment des *ordres militaires*. Un jour, à une revue, Ferdinand VII fut frappé de la bonne tenue de ce corps, de la précision de ses manœuvres, et en fit compliment au chef du régiment, qui eut la modestie de répondre que ces avantages étaient dus à son second, don Tomas Zumalacarregui. Le roi demanda pourquoi il n'était pas encore colonel. On lui fit observer qu'il n'avait point atteint le temps voulu par la loi. Eh bien, répartit le prince en riant, tant pis pour les réglements militaires, ils auront tort, car, de ma volonté royale, je nomme don Tomas colonel, ne voulant pas qu'un si bon officier attende du temps ce que son talent mérite déjà. Zumalacarregui obtint le commandement du régiment d'Estramadure (15e de ligne). Bientôt ce corps fut cité comme modèle de l'armée; nul n'était mieux administré, plus instruit et mieux discipliné.

» Lors des événements de la Granja, Zumalacarregui fut compris dans les mesures de proscription qui atteignaient les royalistes; il perdit son commandement pour avoir servi contre les constitutionnels en 1823. On l'accusait même d'avoir le projet de faire proclamer Charles V du vivant de Ferdinand. Il passa à un conseil de guerre qui l'acquitta (à Madrid). Le roi eut la loyauté de déclarer que le colonel don Tomas Zumalacarregui était innocent, qu'il l'avait toujours servi avec talent et fidélité, et il ordonna à l'inspecteur-général d'infanterie Quesada et au ministre de la guerre de le replacer immédiatement. Le premier le fit mettre en demi-solde. Zumalacarregui réclama énergiquement auprès de la Reine, et il s'adressa ensuite directement à Quesada, qui eut l'insolence de lui dire : « Qu'ayant commandé des troupes de l'armée » de la Foi, en Navarre, il était suspect au gou- » vernement, et qu'il ne pouvait faire autrement » que de le rayer du service actif. »

» Zumalacarregui, sans se déconcerter, répondit » à l'inspecteur-général : « Vous me permettrez bien, » mon général, de vous faire une légère observation : » Si je suis coupable pour avoir été chef de batail- » lon dans l'armée royale en 1823, comment se fait- » il que vous, qui étiez alors mon général de divi- » sion, soyez aujourd'hui assez heureux pour jouir » de la confiance de la Reine, et chargé de me pri- » ver, à votre gré, de ma propriété, d'un grade » que j'ai acquis au prix de mon sang, d'un grade » qui constitue toute ma fortune, celle de ma fem- » me et de mes enfants, qui n'ont que moi pour » appui, comme je n'ai pour soutien que mon épée » et une conduite sans tache? »

» Cette répartie du colonel Zumalacarregui était trop logique pour Quesada; aussi son embarras fut tel, qu'il n'y répondit qu'en fermant, avec sa violence ordinaire, la porte sur l'homme sans reproches, et en lui criant : « Je ne puis agir autre- » ment que je le fais. »

» Quesada n'en resta pas là, Zumalacarregui, par la justesse de ses observations, avait trop cruellement blessé cet homme sans principes politiques. Le brave colonel fut mis en retraite, avec une pension trop minime (1,200 fr.) pour assurer du pain à ses enfants. C'est ainsi que se vengeait Quesada.

» Zumalacarregui, indigné, confia à quelques amis le projet qu'il avait conçu de proclamer Charles V, après la mort de son frère. Il parla aux officiers qui, comme lui, étaient devenus victimes des rigueurs du gouvernement, les engagea à demander leur retraite et à se retirer dans des villes situés près de Pampelune, telles que Victoria, etc.

» C'est dans cette circonstance que l'infant don Carlos fit appeler don Tomas Zumalacarregui dans l'appartement de la princesse de Beyra, et lui dit : « Je te compte comme un ami, tu as repoussé ceux » qui voulaient te faire conspirer contre mon frère, » tu t'es conduit comme un loyal Espagnol doit le » faire; je ne t'oublierai pas. » don Tomas répondit au prince qu'il n'avait fait que son devoir, et qu'il le ferait encore si Ferdinand mourait, en proclamant, le premier, don Carlos roi légitime d'Espagne.

» Zumalacarregui réclama près de Quesada la permission de se retirer à Pampelune, pays de sa femme. Le haineux Quesada la lui refusa; mais un ordre de Ferdinand lui accorda sa demande, et il partit quatre mois avant la mort du Roi.

» Don Tomas mena dans la capitale de la Navarre une vie très-retirée, afin de se soustraire aux regards ombrageux de la police de Marie-Christine.

Les ordres étaient donnés, les royalistes dont il avait requis le concours étaient prêts à prendre les armes lorsque le roi mourut. Un soir, étant sorti de chez lui, il apprit cette nouvelle, qu'il annonça à sa famille en rentrant, et en disant que Charles V était roi d'Espagne, et qu'il était de son devoir de coopérer à le faire reconnaître.

» Zumalacarregui quitta sa retraite et alla prendre les ordres du brave Santos-Ladron, qui organisa le premier l'armée royale de Navarre, comme il l'avait déjà fait en 1821, conjointement avec don Juan Villanueva, dit Juannito.

» Après le lâche *assassinat* ordonné par le brigadier christino Lorenzo, du général Santos-Ladron, le colonel Eraso le remplaça; mais une maladie le forçant de se réfugier en France, don Tomas lui succéda, et commença dès-lors cette brillante et glorieuse carrière militaire, qui a rendu son nom européen.

» Don Bénito Erazo ayant rétabli sa santé, et étant parvenu à s'échapper de France, il revint à l'armée de Charles V. Son arrivée donna lieu à un acte de modestie, de générosité et du plus pur patriotisme, qui honore également Zumalacarregui et Eraso. Le premier, modeste comme tous les véritables grands hommes, voulut remettre le commandement au second; celui-ci refusa de le reprendre, en disant que don Tomas avait trop dignement rempli ce poste pour ne pas mériter de le conserver, et que lui, don Bénito, tiendrait encore à honneur d'être son lieutenant. A dater de cet instant, ces deux hommes, aux ames si nobles et si généreuses, se lièrent étroitement, sans que jamais, depuis cette scène si touchante, le moindre nuage soit venu altérer une union cimentée par l'amour de la patrie et le dévouement pour la sainte cause dont ils sont les deux plus vaillants et plus habiles défenseurs. »

Zumalacarregui avait à peine pris le commandement des bandes navarraises, qui, en bien petit nombre encore, s'étaient formées au nom et pour la défense des droits de Charles V, que déjà elles recevaient une organisation. L'armée navarraise se composait d'environ 1,000 hommes, et la cavalerie ne comptait que 20 chevaux. Les bataillons nombreux qui s'étaient formés en Castille, sous les ordres de Mérino et Cuevillas, s'étaient dispersés à l'approche de Saarsfield. Les troupes alavaises avaient abandonné Vittoria à l'approche du général christino, qui y entra le 29 novembre, et les Biscayens voyant que Saarsfield n'avait rencontré sur son passage aucune vigoureuse résistance, rentrèrent dans leurs foyers et laissèrent l'ennemi entrer librement à Bilbao. A cette même époque, Saarsfield, déjà accusé de carlisme, fut nommé vice-roi de Pampelune, et remplacé dans le commandement de l'armée par Valdès. Ensemble ils partirent de Bilbao le 1er. décembre, et le 10 ils firent leur entrée à Pampelune.

En peu de jours, Zumalacarregui comptait déjà quelques bataillons; mais il évitait encore avec le plus grand soin tout engagement avec l'armée christine. Les lenteurs produites par la conduite prudente de Zumalacarregui furent mal interprétées à Madrid, et Saarsfield, accusé de connivence avec les carlistes, fut définitivement rappelé. Valdès ne fut pas plus heureux que Saarsfield; aussi, ne tarda-t-il pas à être remplacé à son tour par le renégat Quesada, qui prit le commandement de l'armée du Nord et le titre de vice-roi de Navarre.

Chaque jour Zumalacarregui voyait grossir son armée, et déjà ses nombreux succès le rendaient redoutable aux généraux christinos, dont il déjouait si habilement tous les projets. Quesada, convaincu qu'il ne parviendrait pas à exterminer les carlistes par les moyens de la guerre ordinaire, se jeta dans un système d'extermination. Zumalacarregui, avant d'user de justes représailles, proposa à Quesada des mesures plus humaines, que celui-ci repoussa dédaigneusement, en disant qu'il ne traiterait jamais avec le chef des brigands; Quesada oubliait sans doute alors ce qu'il avait été en 1822 et 1823. Dites, ajouta le général christino à celui qui avait été chargé de cette mission, que ceux qui ne déposeront point les armes, seront sous peu exterminés.

Zumalacarregui rit et gémit tout à la fois de la forfanterie de Quesada, et répondit qu'il saurait, puisqu'il en était ainsi, se montrer vengeur de l'infortuné Santos-Ladron et de tous ceux qui périraient de la main des christinos. L'effet ne tarda point à suivre ces menaces. Le 16 mars 1834, Zumalacarregui, par une marche forcée, se dirigea du côté de Salvatiera, surprit les peseteros de Vittoria, en tua un bon nombre, et en fit environ 200 prisonniers, qui furent fusillés immédiatement aux portes de cette dernière ville. Ce succès fut bientôt suivi d'un autre plus avantageux. Quesada se rendit à Vittoria pour recevoir un convoi; à son retour il fut attaqué, le 22 mai, par Zumalacarregui à Alzasua. Il parvint à sauver son convoi et à gagner Segura, mais la déroute fut complète. Cent vingt prisonniers furent faits, et parmi eux le colonel Léopold O'Donnel, capitaine d'une compagnie du 4me. régiment de la garde. Avant d'ordonner l'exécution de ce malheureux officier, Zumalacarregui fit faire de nouvelles propositions d'échange à Quesada, qui y répondit en faisant fusiller, devant la personne que Zumalacarregui lui avait envoyée, quelques prisonniers carlistes qu'il avait en son pouvoir. O'Donnel fut fusillé avec les autres officiers prisonniers, un seul excepté, à qui Zumalacarregui accorda la vie, ainsi qu'aux soldats qui demandèrent et obtinrent des armes; ils appartenaient tous aux régiments de la garde royale. Il en forma la 3me. compagnie de guides, qui, sur cent champs de bataille, s'est montrée si digne de la confiance honorable du général. Les valeureux soldats qui la composaient alors ont presque en totalité péri dans les combats; et si quelques-uns ont conservé la vie, que tant de fois ils avaient exposée pour la cause du Roi, pour cette même cause ils ont perdu leur liberté dans la déplorable affaire dont le valeureux Torrès a été la victime. Le colonel O'Donnel, avant de mourir, écrivit une lettre à la reine Christine, par laquelle il faisait retomber l'ignominie de sa mort sur la conduite atroce de Quesada. O'Donnel était fils unique du général O'Donnel-Labisbal, qui, à cette époque, se trouvait à Montpellier, où il mourut de chagrin peu de temps après (*).

(*) Le colonel O'Donnel Labisbal était cousin germain des trois frères O'Donnel, également fils d'un O'Donnel, général célèbre d'artillerie, dont deux servaient la cause du Roi, pendant que le troisième combattait pour celle de la Reine. Les deux qui servaient dans nos rangs étaient les deux plus âgés, et s'appelaient Charles et Jean. Le premier était colonel, commandant le régiment de cavalerie des lanciers de Navarre, et le second, Jean, était colonel, commandant le premier bataillon de Castille; c'est celui qui a été massacré à Barcelone. Charles, officier distingué, et aussi aimé qu'il était brave, trouva la mort aux portes mêmes de Pampelune. Dans une charge brillante qu'il venait de faire, entraîné par son courage, il se précipite en avant de ses soldats; et arrivé seul au milieu de quelques cavaliers ennemis, il somme de se rendre un carabinier qu'il atteint et auquel il laisse la vie. Le prisonnier se rend à son loyal vainqueur; mais celui-ci devait payer cher son imprudente confiance. Le carabinier s'apercevant qu'O'Donnel était à une assez grande distance de ses soldats, lui tire à bout portant un coup de pistolet, dont la balle, après avoir traversé le pomeau de la selle, pénètre dans le ventre de l'infortuné et valeureux Charles. L'infâme prisonnier n'eut pas à attendre long-temps le châtiment de sa trahison; cerné en un instant par les vaillants soldats d'O'Donnel, il fut écharpé. O'Donnel mourut quelques jours après de sa blessure. Le troisième frère, appelé je crois Léopold, est celui qui combattait sous les drapeaux de Christine. Blessé dans une des actions d'Arquijas, il fut, après sa guérison et la mort de ses deux frères, promu au grade de colonel; mais plus tard il devait périr aussi dans cette guerre, si désastreuse pour cette famille, car il est mort des suites d'une nouvelle blessure.

TIO TOMAS.

SOUVENIRS

D'UN

SOLDAT DE CHARLES V.

I.

Passage de Charles V à Bordeaux. — Mon Voyage de Bordeaux à Bayonne. — Diligence versée.

CHARLES V, habilement conduit par M. Auguet de St.-Silvain, avait déjà quitté l'Angleterre, foulé aux pieds le sol français, visité notre capitale, reçu le salut du roi-citoyen, traversé la France entière, et trompé la vigilance de la police-Thiers ; déjà Sa Majesté avait vu l'immortel Zumalacarregui déposer à ses pieds sa noble et redoutable épée ; déjà sa royale parole avait garanti au preux Navarrais ses priviléges antiques, et reçu en échange de cette solennelle promesse un serment que le Navarrais, toujours fidèle, ne prête jamais que pour vaincre ou mourir : et cependant les feuilles organes du pouvoir annonçaient et affirmaient, avec une assurance curieuse, que Don Carlos n'avait point passé la Manche.

J'étais alors à Bordeaux. Instruit, avec certitude, du passage et du court séjour de Sa Majesté en cette ville, je crus qu'il était de mon devoir d'offrir mon bras et ma vie à un prince qui déjà avait daigné accepter mes offres de service lorsque j'eus l'honneur insigne de lui être présenté en Portugal.

Mes préparatifs de départ furent bientôt faits. Le 17 juillet 1834, je pris place, à sept heures du matin, dans la diligence de Bayonne. Ce départ fut cruellement déchirant pour mon cœur : de nouveau je m'éloignais de ma famille, avec l'espérance, il est vrai, de me retrouver dans son sein ; mais je ne me défendais pas contre le sentiment de la possibilité du contraire. Je m'éloignais surtout d'un frère qui m'avait servi de père, et que j'aime comme si je lui devais le jour ; d'un frère qui, malgré sa vive émotion, sut trouver dans son cœur assez de force pour me faire entendre les conseils de la religion et de l'honneur. Je voulus recueillir à genoux ses dernières paroles : « *Pars, mon cher ami ; c'est la cause de Dieu* » *qui t'appelle; mon cœur t'accompagnera. N'oublie pas*

» *qu'en combattant pour Dieu et son Roi, on ne meurt* » *pas, parce qu'on ne perd pas cette vie sans espoir* » *de retour. Adieu, nous nous reverrons.* »

Ces paroles, accompagnées de sa bénédiction, brisèrent mon ame; mais plus tard, au milieu des dangers, leur souvenir fut pour moi une source de consolation et de force. Je me relevai, ne pouvant articuler une seule parole, et reçus, comme hors de moi-même, le tendre adieu de mon frère. Des larmes qu'il avait voulu dérober à mes regards, avaient mouillé mes joues.

J'étais monté dans la diligence, instruit que deux personnes qui s'y trouvaient, et qu'on m'avait désignées, voyageaient dans le même but que moi : c'étaient deux Espagnols fidèles qui, s'arrachant aux filets de la police française, allaient, sous la sauve-garde de passe-ports empruntés, combattre pour leur foi, leur patrie et leur Roi. On a assez stygmatisé la conduite révoltante des agents de cette police tracassière à l'égard des Espagnols qui, ayant foi à notre loyauté et à notre générosité, venaient demander à la France, avec l'hospitalité, la liberté, et à qui on offrait, en échange de ces espérances, des chaînes, des cachots, et le pain du prisonnier que la philanthropie des agents du pouvoir leur faisait acheter au prix d'un pénible travail sur les routes publiques. Long-temps, si ce n'est toujours, il restera comme une tache à la mémoire de ceux qui ont ainsi outragé la fidélité malheureuse, le souvenir des humiliations et des souffrances de ces hommes qui n'étaient coupables que du crime de leur fidélité à la foi et au serment. Ils ont souffert, et ils souffrent encore, ces nobles émigrés;

mais ils n'accusent point la France, car ils savent bien que la véritable France conservera comme un précieux dépôt, et se rappellera toujours comme une leçon d'honneur, l'exemple de leur entier et généreux dévouement.

Nous étions déjà à dix lieues de Bordeaux, et pas une seule parole n'avait interrompu le silence triste auquel la prudence condamnait quelques-uns d'entre nous, lorsque, arrivés à une montée, nous entendîmes l'inévitable avertissement du conducteur : *Ceux de messieurs les voyageurs qui veulent marcher, peuvent descendre.* Aussitôt je me hâte de sortir de la voiture, et mon exemple est suivi par la majeure partie des voyageurs. A peine étions-nous en marche que les deux Espagnols, qui ne me connaissaient pas, échangèrent en secret, et à mon occasion, quelques paroles. Le mot *espia,* que j'avais entendu distinctement, m'apprit qu'ils me regardaient comme un espion. A ce mot, je ne pus y tenir, et, m'approchant d'eux, je leur dis qu'ils se trompaient ; que, du reste, j'avais connaissance de leur secret, et que j'allais leur faire part du mien. Ils se regardèrent en même temps, et semblèrent se dire, par ce regard, nous pouvons, quoique nous ne le connaissions pas, nous fier à lui. Ce court entretien les réjouit et les mit à l'aise. Mais la prudence nous faisait un devoir de ne pas parler longuement en route de nos communs projets. Nous arrivâmes à Mont-de-Marsan, où nous dinâmes. A peine étions-nous en route, que l'exemple de mes compagnons de voyage m'invita au sommeil. Arrivé à Dax, je visitai la fontaine d'eau chaude, moins pour satisfaire une scientifique curiosité, que pour trouver l'occasion de dire tout à l'aise un petit mot aux deux Espagnols qui en avaient fait autant. Ce petit mot s'alongeait toujours, si bien que notre conducteur trépignait et se fâchait tout rouge. Mes compagnons rentrèrent dans la diligence, et moi, pour fumer un cigarre, je pris place sur l'impériale. Désireux de réparer le temps perdu, notre conducteur, en quittant chaque relais, faisait au postillon les plus énergiques recommandations. On obtempérait fidèlement à ses ordres, et nous filions rondement. Tout à coup, *l'essieu crie et se rompt,* et la diligence de chavirer. —Nous avons assez de descriptions sur les voitures versées : c'est chose si commune. Mais, chose à laquelle je n'avais été accoutumé, ni dans les tempêtes, ni sur les champs de bataille, c'était d'être comme enseveli sous des malles, dont l'une me retenait une jambe, et l'autre un bras, sans qu'il me fût possible de dépêtrer de là un seul de mes membres. Comme on le conçoit, j'appelais à mon secours et conducteur et voyageurs ; mais personne ne se montrait empressé de me venir en aide ; et cependant il n'y avait, dans l'intérieur, ni morts, ni fracturés, ni blessés. Mais là se trouvaient d'aimables voyageuses, toutes, comme on le comprend, grandement effrayées, et, pour la plupart, évanouies. L'une d'elles avait reçu une légère contusion. On se montrait empressé auprès de ces intéressantes victimes de la peur, et chacun surtout voulait donner des soins à la charmante blessée, qui était une jeune personne dont l'amabilité égalait la remarquable beauté. Enfin le conducteur se décide à s'occuper de moi, et vient, en me débarrassant de toutes les malles et de tous les paquets, m'offrir la preuve que je n'avais pas les membres cassés, ce dont je n'étais pas très-sûr jusque-là.

Voyant que j'en étais quitte pour la peur, je pus me permettre de plaisanter, et de répondre au conducteur qui me demandait si j'avais beaucoup de *mal* : «Non, je n'ai qu'un petit porte-manteau. » Je disais vrai, car ma valise était bien mince, et encore fût-elle un embarras pour moi, lorsque je fis partie de l'armée de Navarre.

Le conducteur expédia un exprès à Bayonne pour faire arriver une autre diligence sur le lieu du désastre; mais comme il fallait attendre long-temps, et vu d'ailleurs que j'avais, comme j'ai encore, plus de peur de messieurs les gendarmes français que des christinos, je louai un cabriolet, et fis route pour Bayonne, où j'arrivai deux heures après.

II.

Mon arrivée et mon court séjour à Bayonne. — Lespinasse. — Les frères Reyna. — Les frères Mansanos et autres. — Passage de la frontière. — Mésaventure arrivée au pantalon de Lespinasse. — Notre arrivée à Urdax.

Je descendis à l'hôtel de ..... chez Mr. ......, où des lettres qui me précédaient m'avaient préparé un bienveillant accueil. Je fus reçu, en arrivant, par Madame, qui me dit, en s'approchant de moi : « Vous avez ici des » amis ; entrez, vous les verrez. » En effet, je trouvai Mr. .... que j'avais connu en Portugal, et qui se hâta de me parler des affaires d'Espagne, d'où il arrivait, et de l'enthousiasme qu'avait excité l'arrivée de Charles V. Grande fut sa joie lorsque je lui annonçai les Reyna. « Ils sont, me dit-il, attendus avec impatience, surtout » l'aîné, qui sera d'une très-grande utilité. » Comme Mr. ..... connaissait les membres de la Junte, j'acceptai avec reconnaissance les lettres de recommandation qu'il m'offrit pour eux. C'était une précaution nécessaire pour ne pas être exposé aux dangers d'une méprise ou d'une méfiance qui, à cette époque surtout, aurait pu avoir les plus tristes conséquences.

Je montai dans ma chambre pour prendre le repos nécessité par ma chute, plus encore que par le voyage; mais quelques minutes s'étaient à peine écoulées, que la cloche du dîner se fit entendre. Docile à cet appel, je me hâtai de descendre dans le salon, où je trouvai mes compagnons de voyage. Nous étions neuf à table, tous de la même opinion, ayant conçu le même projet, et tous Espagnols, moi seul excepté. Aussi passâmes-nous rondement à l'ordre du jour sur la réserve et la prudence. La gaîté ne fut point en retard : ma chute devint l'objet de quelques plaisanteries; j'y répondis de mon mieux, et partant, quitte.

Notre réunion était composée des deux frères Reyna, dont l'aîné était capitaine d'artillerie de la garde, et le cadet lieutenant de lanciers; de MM. de Castro, gardes-du-corps; des deux frères Mansanos, dont l'un était sous-lieutenant de cavalerie, et l'autre était trop jeune pour avoir servi; d'un commandant de cavalerie appelé Galiano, et de deux officiers navarrais, Cavaliero et Castro.

Nous étions déjà à table et en train d'utiliser notre temps, lorsqu'un convive dit : « Savez-vous que le colo- » nel se fait bien attendre! », En même temps parut un homme gros et à figure réjouie. Quelle nouvelle? lui crièrent à l'envi ceux qui le connaissaient; « Rodil, ré- » pondit-il, est entré à Pampelune pendant que Charles V » entrait à Elisondo; nous verrons bien si, avec son » armée victorieuse, Rodil réussira mieux que ses cousins

» Valdès, Saarsfield, Quesada, Lorenzo? Eh! eh! il a » une armée nombreuse composée de vieux troupiers; » mais les Navarrais ne sont pas des Portugais, et quand » la guérille navarraise se lève, elle ne rentre que lors- » que l'ennemi est mort. Les Maures, aux temps anciens, » en ont fait l'expérience, et, ce qui n'est pas tout-à-fait » aussi vieux, c'est qu'ils l'ont cruellement appris à Na- » poléon et à ses soldats; car il en revint bien quelques- » uns pour raconter au pays ce qui était arrivé aux autres. » Oui ces Navarrais ont le diable au corps; j'étais avec » eux en 1823; ils étaient presque fâchés de voir les » Français venir à leur secours; il vaudrait mieux, di- » saient les anciens de la guérille, qu'ils vînssent contre » nous. »

Il était temps pour notre agréable narrateur de faire trève à son récit, sinon il eût fallu renvoyer à la cuisine la soupe trop refroidie. Il se mit donc à la manger. Ce gros et réjoui personnage était le colonel Lespinasse, français, natif des environs de Grenoble. Il était en 1823 garde-du-corps de Monsieur, frère du Roi. Alors il quitta le service de France pour s'enrôler comme volontaire dans les bataillons navarrais. Blessé au siége de Pampelune, où sa valeur le fit distinguer, il fut promu au grade de lieutenant. Resté, après la campagne, au service d'Espagne, il obtint, avant la mort de Ferdinand, le grade de colonel, et commandait en cette qualité un escadron de cuirassiers de la garde. Fidèle à ses principes d'honneur, il avait quitté le service de l'usurpatrice pour venir sur le sol de la Navarre, si fertile en gloire, cueillir, selon son expression, de nouveaux lauriers.

Nous dûmes nous occuper pendant le dîner des moyens de passer sûrement la frontière, et il fut convenu que nous nous diviserions de manière à n'être que deux ensemble, et que nous la passerions par cinq points différents, nous donnant tous rendez-vous à Elisondo. Je fus choisi pour être le compagnon de Lespinasse. Au sortir de table, nous prîmes place l'un et l'autre dans un cabriolet qu'un ami nous avait procuré, et qui nous porta jusque près d'Espeletta, où nous trouvâmes le contrebandier qui devait nous faciliter le passage. Entrés chez lui pour attendre en sûreté l'heure convenable de notre départ, nous apprîmes que nous partirions après une heure de repos, mais que nous avions deux lieues de son habitation à la frontière, et que, de toute nécessité, il fallait les faire à pied. Cette dernière circonstance ne fut pas tout-à-fait du gout de mon compagnon de voyage, qui, en l'entendant, frappa assez rudement avec la paume de la main son ventre à larges dimensions, mouvement qu'il accompagna d'un regard qui semblait me dire : suis-je donc malheureux !

Nous dûmes quitter les vêtements que nous portions pour nous revêtir d'habillements basques. J'eus bientôt mon nouveau costume au complet ; mais il n'en fut pas de même de Lespinasse, car il ne fut pas possible de lui trouver un pantalon assez large ; force fut cependant de se servir du plus ample que l'on put trouver, après l'avoir rendu assez spacieux par le moyen d'une fente pratiquée derrière, que nous cherchâmes à dérober aux regards par un large morceau de calico ajusté avec tout le talent dont nous étions capables. Nous ne crûmes pas devoir faire subir à la veste la même opération, vu que nous étions au mois de juillet ; il était sans inconvénient de voyager en manches de chemise. Ainsi fut fait.

Gaîment nous cheminâmes, et à force de *ha! ha!* et de *pouf! pouf!* nous arrivâmes à la frontière tout inondés de sueur, ce qui rendait la mise de mon compagnon plus comique encore.

Bientôt nous nous trouvons sur le bord de la Bidassoa qu'il fallait passer au gué. Le plus vigoureux de nos guides charge, non sans peine, Lespinasse sur ses épaules ; mais l'effort qu'a fait celui-ci pour monter sur le dos de son porteur, a triomphé de l'étoffe de son pantalon, qui s'est ouvert d'une façon étrange.

Nous avions encore un quart d'heure de marche pour arriver à Urdax, premier village espagnol, et Lespinasse était, on le comprend, désireux de dérober aux regards des habitants de ce village l'effroyable déchirure faite à son pantalon. Éclairé par le malheur, qui toujours rend industrieux, il eut l'heureuse pensée de nouer autour des reins les manches de sa veste, de manière à ce que celle-ci, en tombant, voilait assez la mésaventure.

Notre arrivée à Urdax nous égaya un peu ; les habitants voulaient à toutes forces que le gros personnage fût monseigneur l'évêque de Léon. Nous trouvâmes dans ce village des ressources qui permirent à Lespinasse de mettre ses membres à l'aise, chose dont j'étais presque fâché, tant j'aurais desiré être témoin de son entrée à Elisondo dans ce curieux costume.

Nous louâmes des mulets, et, après avoir payé nos guides, nous nous mîmes en route pour Elisondo, où nous arrivâmes à huit heures du soir. Deux de nos camarades étaient déjà arrivés. Lespinasse se hâta de leur raconter lui-même son aventure, en accompagnant son récit des mots piquants qu'il trouve toujours et si heureusement.

III.

Notre séjour à Elisondo. — Junte de Navarre. — Détails sur Elisondo. — Causes pour lesquelles les christinos ont fait tant de sacrifices pour conserver cette ville. — Raisons pour lesquelles elle a été si long-temps bloquée sans être prise par les troupes royales. — Entrée du Roi à San-Estevan. — Enthousiasme du peuple.

Le lendemain 20, tous mes compagnons de voyage étant heureusement arrivés pendant la nuit, nous nous présentâmes dès le matin aux membres de la Junte, qui nous accueillirent très-bien, et nous dirent que nous devions retarder notre départ d'un jour, afin d'être fixés, par les lettres qui ne manqueraient pas d'arriver, sur la route à prendre pour nous rendre au quartier royal. Nous disposâmes de quelques heures de cette journée pour visiter la ville.

Elisondo, ville principale du Bastan, se trouve à six lieues de Pampelune et à cinq des frontières de France. Elle était le séjour de la Junte de Navarre, composée alors du vénérable Jean Echeverria, curé d'Elisondo, président, et de MM. Martin-Luis Echeverria, frère du président, et Bidaondo, alcades d'Elisondo; de d'el Rio, alcade de Puenta-la-Reyna; Marichalar, alcade d'Añorbi, et Sanz, secrétaire.

Aussitôt après la mort de Ferdinand, ils s'étaient constitués Junte de gouvernement. Ce sont eux qui, avec le valeureux Santos-Ladron, mort sous le plomb assassin de Lorenzo, furent les premiers à donner l'exemple du plus généreux dévouement.

La Junte s'occupait dans ce moment de faire confectionner des habillements et des chaussures pour les cinq bataillons qui seuls existaient encore en Navarre. Une seule compagnie formait sa garde, et cependant les membres étaient aussi tranquilles que s'ils se fussent trouvés à cent lieues de l'ennemi. — Cette tranquillité nous surprit d'abord; mais notre étonnement cessa lorsqu'ils nous apprirent qu'ils avaient, pour veiller à leur sécurité, la population tout entière. Les habitants de la vallée, nous disaient-ils, sont tous dévoués à la cause du Roi, et il ne sort pas un homme de Pampelune que nous n'en soyons aussitôt instruits; ce qui nous permet, lorsque les colonnes christines se dirigent sur ce point, de sortir assez tôt de la ville, avec les malades que nous plaçons sur des mulets ou des brancards, et d'emporter avec nous tout ce que nous désirons leur soustraire. Nous attendons ensuite pour quitter les petits bourgs des montagnes, où jamais l'ennemi ne viendra nous attaquer, qu'il ait abandonné la ville.

Le rôle important qu'a joué Elisondo dans la lutte qu'a si glorieusement soutenue Zumalacarregui, m'impose l'obligation d'entrer dans quelques détails.

Elisondo peut avoir 200 feux et 1,800 habitants. Cette ville n'offre par elle-même rien qui soit digne de fixer l'attention du voyageur, et, si ce n'était sa proximité de la France, comme toutes celles de la vallée, elle serait sans importance. On y remarque seulement quelques fabriques placées sur les bords de la rivière près de laquelle elle est située. Il y avait alors un hôpital appelé *la Miséricorde*, dont les christinos firent bientôt après une caserne fortifiée, jugeant l'occupation de cette ville importante et nécessaire pour leurs communications avec la France. Pour faire de cet hôpital une position militaire, ils chassèrent les habitants des maisons les plus rapprochées, qu'ils démolirent, creusèrent tout au tour des fossés qu'ils hérissèrent d'énormes palissades et armèrent de canons.

Cette place eût été mille fois prise par Zumalacarregui, si mille fois il eût voulu la prendre; mais telle n'était point la volonté du général qui, en homme habile, mettait tout en œuvre pour entretenir, accroître même l'opiniâtreté que l'ennemi mettait à la conserver. Le fait est que la possession d'Elisondo par les christinos est la chose qui a le plus puissamment contribué à l'extermination de l'armée de Rodil et aux triomphes du Cid navarrais; voici comment :

La garnison d'Elisondo, fréquemment serrée de près, manquait bientôt de vivres, car l'ennemi ne pouvait pas ravitailler pour long-temps ses places fortes. De plus, il ne pouvait arriver de France que d'insuffisants secours, qui, le plus souvent encore, tombaient entre les mains des volontaires qui les guettaient au passage. On recourait donc à Pampelune, et, à cette fin, partait de cette ville une division plus ou moins nombreuse. Dans le premier cas, on la laissait arriver librement au terme de sa course, et pendant qu'elle accomplissait sa mission, Zumalacarregui se portait sur un autre point, s'emparait d'une caserne ou d'une position utile à ses projets, ou bien tombait à l'improviste sur un corps détaché qu'il anéantissait en tout ou en partie. Dans le second cas, elle était attaquée avec succès par les vaillants soldats de Charles V.

La tactique de Zumalacarregui ne fut point et ne dut point être de s'emparer des villes et des places fortes, mais de détruire l'armée ennemie sans compromettre inutilement, par des siéges et des assauts, la vie si précieuse de ses soldats encore si peu nombreux. C'est ce qui peut servir à expliquer comment Zumalacarregui, encore sans artillerie, et alors même qu'il possédait quelques pièces, a reculé devant l'assaut à livrer à des casernes qui quelquefois n'étaient défendues que par un faible détachement. Pour s'emparer de ces points fortifiés et faire cent prisonniers, il lui aurait fallu sacrifier autant de ses soldats ; et il en perdait moins dans ces affaires brillantes où mille, quinze cents, deux mille christinos tombaient sous le plomb ou la baïonnette de ses braves. Il voulait ce chef, pour moi incomparable, détruire l'armée ennemie tout en formant la sienne. Il l'a fait ; sa tactique fut donc parfaite.

Lespinasse qui, comme le plus ancien de la bande, en était le chef, nous quitta un instant dans l'après midi pour s'assurer si la Junte n'avait encore reçu aucune nouvelle. Bientôt il revint tout triomphant nous annoncer que le lendemain le Roi serait à quatre lieues d'Elisondo, dans la petite ville de San-Estevan. Nous envoyâmes aussitôt retenir nos bagageros, avec ordre de se tenir prêts à partir ce même jour de très-bonne heure. Nous fûmes ensuite à la Junte recevoir nos passe-ports, et prîmes congé des membres après leur avoir offert l'expression de notre profonde gratitude.

Nos guides étant venus avec leurs mulets le 21, de bon matin nous nous mîmes en route pour San-Estevan, où nous entrâmes à neuf heures. Le Roi n'était point encore arrivé, mais il était attendu avec la plus vive impatience. Les autorités étaient en habit noir de grande tenue, et les femmes et filles étaient parées de leurs plus beaux atours.

Notre arrivée égaya quelque peu les habitants. A la vue de Lespinasse, tous s'écrièrent : *Que gordo !* (qu'il est gros!); et lui, avec son imperturbable sang-froid, et sans se croire offensé par les réflexions qu'il occasionnait, se vengeait par les plus majestueux saluts, et quelques petits soufflets qu'il donnait avec beaucoup de grâce aux beautés qu'il pouvait atteindre, petites licences qu'il accompagnait de ses plaisanteries toujours spirituelles et toujours décentes.

Nous étions à peine rendus à la posada (auberge), que le son des cloches annonça l'arrivée du Roi. Nous abandonnâmes tout pour voler à sa rencontre. Il paraît enfin, ce monarque adoré! Aussitôt, à la voix solennelle des cloches, se mêlent le bruit des tambours de basque et le son des flageolets; quelques jeunes filles chantent l'air national, en s'accompagnant de la guitare, pendant que leurs compagnes, ivres de joie, courent en avant du Roi, en dansant la bascongade.

Les preux Navarrais sont accourus au-devant de leur Roi. Des régiments, improvisés comme par enchantement, paraissent tout à coup, armés de mousquets, de fusils de chasse, de faulx, de fourches, de lances et de haches; les vieillards eux-mêmes n'ont point manqué à cet appel de la fidélité. J'ai vu de ces hommes intrépides, recueillant les forces qui leur restaient encore, agiter avec vigueur devant les yeux du Roi le vieux mousquet compagnon de leur fidélité, de leurs dangers et de leur gloire. Les cris de *Vive Charles V! vaincre ou mourir!* poussés énergiquement par les Navarrais, accompagnent et terminent le chant des Navarraises. Le royal cortége s'avance à pas lents, et Sa Majesté ne peut répondre que par des larmes abondantes et bien expressives à tous ces témoignages de dévouement que lui donne son peuple.

Lorsque le Roi passa devant nous, il reconnut Lespinasse, à qui il dit : *Adios, hasta luego* (Adieu, à tantôt), et nous salua, nous qu'il ne connaissait pas, avec cette affabilité qui le caractérise. Sa Majesté n'avait pour escorte qu'une seule compagnie des guides commandée par Bedos. Après elle, marchait l'état-major du Monarque, qui se composait du comte de Villemur, ministre de la guerre, Cruz mayor, chargé des affaires étrangères, du baron de Los-Vallès, et de quelques autres officiers espagnols que j'avais connus en Portugal.

IV.

Baron de Los-Vallès. — Comte de Villemur. — Charles V. — Circonstances de mon audience. — Notre expédition pour le quartier général. — Notre retour à Elisondo et méprise des habitants de deux villages.—Voyage d'Elisondo au quartier général. — Notre présentation à Zumalacarregui.

Peu de temps après l'arrivée de Sa Majesté, je laissai mes compagnons, parce que je desirais voir, avant d'être présenté au Roi, le baron de Los-Vallès, pour qui j'avais des lettres de recommandation. Je reçus l'accueil le plus bienveillant du baron qui, après avoir pris lecture des lettres que j'étais chargé de lui remettre, se hâta de me présenter à M. le comte de Villemur, avec qui il logeait. « Voilà, dit-il à son Excellence, en me présentant, un » Français qui vient combattre pour les droits de Char- » les V, et qui a déjà payé de glorieux tributs à la cause » de la légitimité. Il était, en Portugal, capitaine d'artil- » lerie de la cour, et avant il .... » .... — Soyez le bien-venu, me dit aussitôt M. le » comte ; nous sommes en ce moment bien poursuivis,

» mais peu à peu nous viendrons à bout de nos enne-
» mis. » Ils allaient se rendre chez le Roi, et je les suivis, sur l'invitation que me fit le baron de Los-Vallès de les accompagner.

La maison où le Roi était descendu appartenait à un riche propriétaire de San-Estevan, jusque-là partisan de la Reine. Le Roi, instruit qu'il s'obstinait à ne pas croire à son entrée en Espagne, et qu'il avait même parié pour le contraire, voulut, pour le convaincre de son erreur, aller loger chez lui. C'en fut assez, pour le persuader pleinement de la vérité.

Le Roi nous reçut dans un salon meublé à la française, orné de quelques tableaux, dont deux, formant pendants, représentaient l'entrée de Henri IV à Paris, et les adieux de Fontainebleau. « Voilà qui est de bon augure, dis-je au baron de Los Vallès : le Roi légitime entre, et l'usurpateur s'en va. » Charles V, qui avait remarqué le sourire approbateur avec lequel le baron avait accueilli ma réflexion, nous demanda de lui faire connaître la cause de notre gaîté. Le baron l'apprit à Sa Majesté, qui nous répondit : *C'est que la justice triomphe toujours.*

Pendant l'entretien que j'eus avec le Roi, je fus reconnu par Sa Majesté, qui daigna se rappeler que je lui avais été présenté à Abrantès : « J'acceptai alors, me
» dit-elle, vos offres de service, et je les accepte encore
» aujourd'hui ; mais quelle est votre arme ? » — Sire, répondis-je, j'étais en Portugal capitaine d'artillerie, et je servais en France dans la marine royale, mais comme il n'y a pour le moment dans l'armée de Sa Majesté ni marine, ni artillerie, je demande à servir dans l'infanterie ! —

Formulez votre demande, ajouta aussitôt le Roi ; remettez-la à Villemur, et partez pour le quartier général où vous recevrez sans retard votre brevet de capitaine. Je fléchis le genou pour baiser la main de Sa Majesté, et me retirai après avoir dit, par un signe de tête, au baron, que je le reverrais : projet que la promptitude de notre départ ne me permit pas d'exécuter.

Me voilà bien vîte expédié, dis-je à mes compagnons de voyage, que je trouvai sur le seuil de la porte, et qui s'empressèrent de monter lorsque je leur appris que le Roi était visible. Sa Majesté les reçut avec tant de cordialité, qu'ils étaient ivres de joie ; car eux aussi étaient expédiés au quartier-général, excepté l'aîné des frères Reyna, qui fut envoyé dans une petite ville du Bastan, où était la fabrique d'armes.

Nous décidâmes alors que nous repartirions ce même jour pour Elisondo, où nous attendrions l'arrivée de nos effets et l'occasion de joindre sans danger l'armée d'opération, qui ne pouvait point encore avoir de positions fixes. Elle était pour lors dans les Amescuas.

Les habitants de deux villages placés sur la route de San-Estevan à Elisondo, avaient appris l'arrivée du Roi dans cette dernière ville. Ils avaient fait des préparatifs de toute espèce pour le recevoir ; espérant qu'il viendrait jusqu'à Elisondo, ils mirent en campagne des exprès chargés de le savoir avec certitude. Ces derniers, en voyant de loin notre caravane, revinrent ventre à terre sur leurs pas, annonçant l'arrivée du Roi. Aussitôt les cloches sont mises en branle, l'air retentit de cris et de chants, et la foule se précipite au-devant de nous. Quel ne fut pas le désapointement de cette population, quand elle reconnut son erreur. Les jeunes filles surtout étaient mécontentes et paraissaient vivement regretter leurs frais de toilette. Lespinasse, qui avait l'honneur de diriger la caravane, eut le privilége de recevoir les petites malices qu'inspirait aux plus hardies leur cruel désapointement, car elles se plaisaient à répéter, avec une malicieuse affectation : « C'est encore le gros. »

Il était encore de bonne heure lorsque nous arrivâmes à Elisondo. Après y avoir séjourné deux jours, pendant lesquels arrivèrent les malles et valises, nous nous mîmes en route pour le quartier-général, profitant du départ d'un détachement de cavalerie, commandé par un ami de Lespinasse, qui était venu chercher des habillements. Nous fûmes si peu inquiétés dans notre marche, que je croyais qu'il n'existait plus de christinos, et cependant deux fois nous traversâmes la grande route, une fois près la caserne d'Iruzsun, et l'autre près celle d'Echarri-Aranaz ; mais les ennemis se contentèrent de nous regarder du haut de leurs fortifications, sans oser nous attaquer.

Après quelques jours de marche, nous arrivâmes à Val-de-Olio, village près des Amescuas, d'où le général était parti le matin pour aller attaquer Rodil. La cavalerie s'arrêta dans ce village, et nous, sur l'assurance qui nous fut donnée que nous n'avions à courir aucun danger sur la route, nous partîmes pour Amunarès, distant seulement de trois lieues, où se trouvait Zumalacarregui avec quelques bataillons. Obligés, à cause de l'heure avancée, de renvoyer au lendemain notre visite au général, nous dûmes nous chercher un logement, que nous n'aurions certainement pas trouvé sans l'obligeance d'Alphonse de Barrès du Molard.

Alphonse de Barrès, français et natif comme moi du département de l'Ardèche, donna, en 1830, sa démission de sous-lieutenant d'infanterie. Il fit, en qualité de lieutenant, la campagne du Portugal. Il était entré avec le même grade dans le corps des volontaires Navarrais, et remplissait en outre les fonctions d'aide-de-camp auprès de Zumalacarregui. Depuis lors, sa conduite et sa valeur lui ont obtenu un avancement mérité. Il est lieutenant-colonel.

Les principes politiques d'Alphonse de Barrès sont ceux de tous les membres de son honorable famille ; ainsi, comprendra-t-on comment trois frères sont venus affronter la mort pour contribuer au succès de la cause de Charles V. Alphonse est le cadet, et l'aîné a déjà payé à cette cause le tribut de sa vie. Il était sous-lieutenant dans la 3e. des guides, et, dans une affaire où en guérille nous protégions la retraite, il tomba atteint d'une balle qui lui avait traversé la tête. Je parlerai de sa mort en son lieu. Le plus jeune des trois frères faisait partie de l'escadron dit de *la légitimité*, avec le grade de sous-lieutenant ; cet escadron est, comme on le sait, le dépôt des officiers de cavalerie.

Le lendemain de notre arrivée, nous fûmes présentés à Zumalacarregui, dont la vue seule me fit frissonner Il nous reçut avec sa simplicité martiale, et, par son regard qui pénétrait l'ame, il sembla nous dire : « Vous venez pour vous battre, je le crois, mais nous verrons. » Dès le lendemain, je lui offris la preuve que j'étais réellement venu à cette fin, car l'occasion s'en étant offerte, je fis volontairement le coup de fusil aux avant-postes.

Je n'eus point à attendre long-temps l'effet des royales promesses : mon brevet, signé par le Roi le 26 juillet, le fut, le 1er. août suivant, par le général, qui me le remit en m'annonçant qu'il me confiait le commandement de la 4e. compagnie du 3e. bataillon de Navarre.

Je dois consigner ici l'expression de ma reconnaissance pour la conduite loyale et obligeante du baron de Los-Vallès. Son dévouement l'a associé à des tentatives heureuses qui rendent glorieuse sa carrière militaire, et son active obligeance, pour ceux de ses compatriotes qui l'ont réclamée pendant son séjour au quartier royal, lui a acquis des droits à la reconnaissance de tous.

V.

Effectif de l'armée de Charles V. — Levée extraordinaire ordonnée. — Formation de trois nouveaux bataillons. — Zumalacarregui, confirmé commandant en chef des forces navarraises, est nommé lieutenant-général et chef d'état-major de l'armée. — Discipline et tenue militaire des volontaires. — Singulier aspect de la cavalerie carliste. — Effectif de l'armée christine. — Rodil et les commandants-généraux des divisions christines.

Je me hâtai de joindre le 3e. bataillon de Navarre, commandé par don Joseph Aroyo, qui me fit l'accueil le plus bienveillant, et qui, le jour même de mon arrivée, me plaça à la tête de la 4e. compagnie dont mon ordre me désignait le commandement. Le général, à la suite d'une escarmouche que j'avais eue avec les colonnes ennemies, crut devoir m'appeler, au bout de huit jours, au commandement de la première compagnie du même bataillon, celle des grenadiers ou carabiniers.

Dans ces huit jours, je vis à peu près toute l'armée de Navarre; ce qui, joint aux renseignements exacts que je me procurai sur les forces militaires des autres provinces, me mit en position de connaître l'effectif de l'armée de Charles V dans les quatre provinces bascongades.

Dans cette armée on comptait alors :

EN NAVARRE, sous le commandement de ZUMALACARREGUI en premier, et d'ERASO en second :

1°. Quatre compagnies de guides : la 2e. accompagnait le Roi, la 1re. et la 3e. marchaient avec Zumalacarregui, et la 4e. était avec la Junte.

2°. Cinq bataillons : le 1er. commandé par Goni, le 2e. par Tarragual; le 3e. par Aroyo; le 4e. par Garcia, et le 5e. par Sagastibelza.

Un sixième bataillon, dont le commandement avait été donné à Pablo-Sanz, se formait dans le Bastan.

3°. Deux escadrons de cavalerie. — Indépendamment des forces ci-dessus, formant un effectif de quatre mille hommes; on comptait encore quelques *partidas*, composées d'hommes mariés, faisant le service de la douane.

EN ALAVA, sous le commandement en chef de VILLARÉAL :

1°. Deux compagnies de guides.

2°. Trois bataillons.

3°. Une compagnie de cavalerie.

EN GUIPUSCOA, sous le commandement en chef de GUIBELALDE :

1°. Trois bataillons.

2°. Une compagnie de cavalerie.

EN BISCAYE, sous le commandement de ZAVALA en premier, et de SIMON DE LA TORRÉ et de ARANA en second :

1°. Huit bataillons d'une organisation encore incomplète.

2°. Un escadron de cavalerie.

Les Navarrais, les Guipuscoans et les Alavais obéissaient à la même Junte, celle de Navarre, et les troupes de ces trois provinces formaient une seule armée sous le commandement général de Zumalacarregui.

Quant aux Biscayens, ils ne reconnaissaient encore que l'autorité de leur députation présidée par le marquis de Valdespina, homme d'une influence immense et justement acquise dans le pays. Les bataillons de cette province agissaient sous le commandement indépendant de leurs chefs.

La présence du Roi dans ces héroïques provinces devait donner une activité plus grande aux opérations de l'armée, en augmentant l'enthousiasme déjà si grand des populations. Aussi, Sa Majesté qui l'avait compris, se hâta d'ordonner une levée extraordinaire en Navarre, et la formation de trois nouveaux bataillons dans les vallées de Salazar, d'Erro et de San-Estevan. La jeunesse navarraise répondit avec empressement à ce royal appel. La levée s'opéra avec facilité et promptitude, et les trois nouveaux bataillons ne tardèrent pas à être au complet. Seulement ils durent attendre pendant quelque temps, pour avoir des armes, de nouvelles défaites des christinos.

Zumalacarregui fut, par décret royal, confirmé dans le commandement général des forces navarraises, et de plus nommé lieutenant-général et chef de l'état-major de l'armée. Les autres commandants, également confirmés dans le commandement qu'ils exerçaient, reçurent le brevet de leur grade respectif.

Tel était alors l'effectif de l'armée de Charles V, qui se distinguait déjà de l'armée ennemie par une sévère et parfaite discipline, que semblait devoir rendre impossible une guerre faite dans leurs foyers par des volontaires. Cette discipline, selon moi, honore plus la mémoire de Zumalacarregui que plusieurs victoires.

Quelques détails sur la tenue des troupes navarraises me paraissent propres à intéresser le lecteur qui désire connaître sous tous les rapports cette armée, dont l'histoire racontera les prodiges de valeur.

Les seules compagnies des guides avaient alors un costume militaire au grand complet, et ce costume consistait en une petite veste de drap, couleur gris de fer, ayant la forme des vestes de la cavalerie française, et ornées sur la poitrine de galons, appelés *sardines* en terme de soldat. La coiffure n'était autre que la *buina*, béret basque, rouge et orné d'un gland jaune. Le pantalon était blanc, et l'alpargate, en cordes, formait encore la chaussure indispensable. L'équipement comprenait, indépendamment du fusil, une cartouchière appelée *canana,* placée sur le ventre et soutenue par un ceinturon, qui portait sur le côté gauche le fourreau de la baïonnette.

Le costume adopté pour les bataillons ne différait de

celui des compagnies des guides, que par l'absence des *sardines* et la couleur du béret, qui était bleu. L'armement était le même. Tel était en effet alors l'équipement des soldats des 1er. et 2è. bataillon et des compagnies d'élite du 3e., les seuls que jusque là il eut été possible de costumer. Mais à côté de ces bataillons, d'une mise assez complète, se trouvaient les autres bataillons dont les soldats n'avaient d'autre uniforme que celui qu'ils s'étaient eux-mêmes procuré. Parmis ces derniers, on en trouvait un grand nombre qui s'étaient revêtus des dépouilles de l'ennemi, circonstance qui donnait à ces bataillons un aspect amusant, car les volontaires ne trouvaient pas toujours dans la capture qu'ils faisaient ce qui convenait à leur taille et à leur grade. Zumalacarregui savait tirer parti de ce dénuement de ses troupes, pour accroître leur valeur. Souvent on l'a entendu, après une action, faire à des soldats des reproches sur ce qu'ils ètaient revenus du champ de bataille sans la dépouille d'un christino.

Les armes que l'on possédait alors, presque toutes prises à l'ennemi, étaient en très-bon état, et s'il arrivait qu'un soldat eût reçu une mauvaise arme, sa valeur lui en avait bientôt procuré une meilleure.

On ne parlait point encore d'artillerie, car l'armée navarraise ne possédait pas une seule pièce; mais le génie prodigieux de l'aîné des Reyna sut créer, dans les montagnes, assez de ressources pour fondre des mortiers et des obusiers.

La cavalerie était assez bien montée; mais les selles

étaient en général très-mauvaises, et un grand nombre même de cavaliers n'avaient que de vieilles bardes qui soutenaient des étriers en corde. La lance était la seule arme de la cavalerie, et ces lanciers improvisés s'en servaient avec une adresse qu'on eût admirée dans un régiment exercé.

La chaussure des cavaliers était, comme celle des fantassins, l'alpargate, dans laquelle ils trouvaient le moyen de fixer un éperon qu'assez ordinairement ils avaient eux-mêmes fabriqué. Leur uniforme était d'une bizarrerie étrange, car chacun d'eux se costumait comme il l'entendait.

Les charges faites par les premiers lanciers navarrais répandaient la terreur dans les rangs ennemis, et il suffisait, je crois, de les voir dans une action pour être pénétré de ce sentiment. Leurs longs cheveux, leurs moustaches d'une longueur prodigieuse, leurs vigoureux bras souvent nus, la forme immense de leurs lances, forgées pour la plupart sur l'enclume des maréchaux des villages, les cris qu'ils poussaient en allant au combat, tout en eux contribuait à rendre effrayante leur arrivée sur le champ de bataille.

Un petit événement vint bientôt ajouter à la singularité des costumes de la cavalerie; ce fut la prise, par une avancée de cavaliers, d'une bande de charlatans et de comédiens qui se rendaient dans une galère à Vittoria. Ils portaient avec eux beaucoup de costumes de théâtre dont on habilla les trompettes de la cavalerie.

C'est avec ces faibles ressources que Charles V se trouvait en présence d'une armée de plus de 60,000 hommes, presque tous vieux soldats, armée qui possédait une nombreuse cavalerie et une formidable artillerie.

L'armée christine, placée sous le commandement général de Rodil, était divisée en colonnes d'opération, dont chacune en particulier excédait en nombre les troupes que Zumalacarregui pouvait réunir en un jour et même en deux. Les chefs principaux de ces colonnes étaient Lorenzo, Cordova, O'Doyle, Lopez, Carondelet, Jauregui (el Pastor), Gurrea, Esparterro, Oráa, Amor, etc. La supériorité numérique n'était point le seul avantage évident qu'eût l'armée christine sur celle de Charles V, car elle occupait les positions les plus avantageuses et tous les points fortifiés, multipliés dès le principe de la guerre à tel point, qu'on comptait plus de dix casernes sur la route de Pampelune à Vittoria.

Ce grand nombre de casernes était-il de nature à seconder les opérations de l'ennemi ? Je ne le pense pas. L'expérience d'ailleurs a démontré que les marches fréquentes de détachements allant d'une caserne à l'autre ont successivement fait tomber tous les bataillons de l'armée de Rodil dans les piéges que leur tendait l'infatigable Zumalacarregui.

VI.

Tactique de Zumalacarregui en présence de Rodil. — Affaire de la Sierra-Andia. — Conduite infâme de Rodil. — Rodil se rend en Biscaye et laisse à Lorenzo le commandement. — Action de las Peñas-de-San-Fausto, le 19 septembre 1834. — Extermination d'une colonne commandée par Carondelet. — Prise du comte Via Manuel, grand d'Espagne.

ENFLÉ du succès facile de son expédition en Portugal, convaincu sans doute qu'il allait, en un instant, réaliser les espérances que son départ de Madrid avait fait concevoir, Rodil se trouvait en présence de l'invincible Zumalacarregui qui, de son côté, jouissait peut-être déjà du bonheur anticipé d'immoler cette autre réputation militaire au drapeau de la légitimité espagnole.

Le plan de campagne du général christino ne tarda point à être connu. La division dont il s'était réservé le commandement, et deux autres, commandées par Oràa et Lorenzo, furent destinées à agir contre la division navarraise. Comme la moins nombreuse de ces trois colonnes était plus forte que la division tout entière de Navarre, Zumalacarregui ne dut pas s'exposer aux chances d'une affaire générale. Le parti que commandait la prudence était de multiplier, autant que possible, les surprises, parti que notre général prit et suivit avec une hardiesse, un talent et une constance qui obtinrent les plus heureux résultats.

Cette guerre de surprise, propre à former et à aguerrir les volontaires, devait diminuer le nombre des soldats ennemis et affaiblir leur enthousiasme.

Plusieurs fois Rodil a annoncé prophétiquement d'éclatantes victoires. A l'entendre, c'en était fait de la faction. Le Roi, Zumalacarregui, allaient tomber entre ses mains. Il se rendait alors dans le lieu qui devait être infailliblement le théâtre de son triomphe; mais, arrivé, il n'avait personne à combattre; ceux qu'il poursuivait étaient à dix lieues de là. La cruelle mystification du chef christino s'étendait alors jusqu'au quartier-général d'Harispe; car personne n'ignore que ce général vint un jour, sur l'invitation qui lui en fut faite par Rodil, occuper avec un corps l'extrême frontière, pour recueillir les volontaires échappés au massacre général, et s'assurer de la personne du Roi dont on avait prudemment fait préparer le dîner à Bayonne.

Témoin constant des manœuvres de Rodil en face de Zumalacarregui, je suis resté persuadé que, plus d'une fois, il aurait pu nous forcer à accepter le combat dans des positions où nous avions le plus vif intérêt à l'éviter; mais, par l'effet d'une tactique à laquelle je n'ai rien compris, il fatiguait et mécontentait son armée par des marches forcées, sans jamais lui procurer, même dans des circonstances assez faciles, les honneurs d'une victoire.

Rodil n'a pas remporté une seule victoire, voilà la vérité, malgré les pompeux bulletins dans lesquels il consignait chaque jour des succès. A l'entendre, les volontaires tombaient par milliers sous les balles de ses soldats, tandis que ses pertes étaient minimes : et le résultat de tant de mensongers rapports, a été l'extermination de son armée, et l'augmentation de la division navarraise, qui ne comptait pas alors le dixième des hommes qu'il a tués dans ses bulletins.

L'action dont il a principalement honoré son commandement, est celle du 31 juillet, dans la Sierra-Andia, près des Amescuas. Comme cette action a été complètement dénaturée par les rapports de l'ennemi, je crois utile d'en faire connaître le caractère.

Zumalacarregui n'avait que deux mille hommes, et, avec ce petit nombre, il se trouvait en présence de trois divisions, qui ne se doutaient pas de cette proximité ; ce qui lui permit de faire à ces masses une surprise qui en amena momentanément le désordre dont il profita pour leur occasionner des pertes assez considérables. Après s'être replié, Zumalacarregui accepta le combat dans des positions qu'il avait choisies, non pour rester maître du terrain qu'il occupait, mais pour faire une retraite que les accidents du sol devaient rendre désastreuse pour l'ennemi. Le fait est que les pertes des christinos, restés maîtres du champ de bataille, furent immenses, et celles des volontaires insignifiantes, si on en excepte la perte que fit le 3e. bataillon de son brave commandant, nommé Chasco.

Impuissant contre le génie de Zumalacarregui, Rodil se vengeait de ses pertes et de ses humiliations par le pillage et l'incendie des couvents, des fermes des volontaires, des maisons où était entré le Roi, des églises, et par l'assassinat des pères des soldats de Charles V, etc.

Il sera impérissable dans les provinces bascongades, le souvenir hideux du féroce, du sacrilége et de l'incendiaire Rodil. Tous les lieux qu'il a parcourus conserveront à jamais les traces sanglantes de sa présence. Les ruines irréparables d'Aranzazu répéteront son nom aux générations les plus reculées, et le volontaire rentré dans ses foyers parlera à ses enfants effrayés, de l'assassin de son père.

Rodil ne pouvait pas conserver plus long-temps le commandement de la Navarre en présence de Zumalacarregui; aussi laissa-t-il à Lorenzo le commandement de son armée d'opération en Navarre, et vint-il prendre celui de la division chargée d'opérer dans la Biscaye, où se trouvait le Roi.

Le départ de Rodil permit aux bataillons navarrais de prendre quelque repos dans les Amescuas; mais peu de jours après le général apprit que Carondelet, dont la division était à Estella, devait se porter le lendemain, 19 septembre, à Arbazuza, pour y prendre des grains. L'occasion était belle, aussi ne la laissa-t-on pas échapper.

Le 19, Zumalacarregui, instruit avec certitude de la sortie de Carondelet, ordonna à Ituralde de marcher avec quatre compagnies d'élite sur Arbazuza, pour y surprendre l'ennemi, et lui, avec les bataillons, vint s'embusquer près d'une rivière et dans un bois appelé las Peñas-de-San-Fausto, situé près du village de Hario. La route d'Estella à Arbazuza se trouve entre ce bois et la rivière.

Ituralde exécuta fidèlement les ordres qu'il avait reçus, mais il ne put arriver à Arbazuza qu'après le départ de l'ennemi. Carondelet, instruit que des forces s'avançaient contre lui, s'était hâté de quitter la ville, n'emportant, pour être moins embarassé dans sa marche, que la moitié des blés et des avoines dont il avait imposé la remise aux habitants.

Ituralde jugeant qu'il lui était impossible d'atteindre l'ennemi, fit faire halte à ses soldats. Carondelet, nullement contrarié dans sa marche, et convaincu qu'il avait réussi à éviter les volontaires, faisait avancer sa division sans prendre aucune précaution. Dans le désordre d'une marche sans danger aucun, les soldats christinos s'avançaient en chantant à tue tête des invectives rimées contre le Roi, Zumalacarregui et les volontaires.

Ils se trouvaient déjà arrivés à une distance telle que nous pouvions distinguer toutes les paroles des soldats des premières compagnies. Le silence le plus profond régnait dans le bois, et nous étions couchés à plat ventre dans les broussailles.

Tout-à-coup Zumalacarregui qui, à travers un buisson épais, suivait de l'œil la marche de la colonne, voyant son centre placé sous notre feu, ordonne une décharge générale, suivie d'une charge à la baïonnette.

La terreur se répandit aussitôt dans la colonne ennemie. Dès-lors le massacre commença, et dans quelques instants le champ de bataille fut couvert de morts et de blessés. Presque tout l'état-major de cette division périt. On ne fit qu'une cinquantaine de prisonniers. Dans le nombre des morts était le brigadier Herranoz, colonel du régiment provincial de Valladolid, et dans celui des prisonniers le comte Via-Manuel, colonel, chef d'état-major et grand d'Espagne, qui dut à la générosité d'un officier carliste d'échapper à la mort que tous les officiers faits prisonniers trouvaient sur le champ de bataille. La musique tout entière et la brigade au complet restèrent en notre pouvoir.

Au moment de l'attaque contre le centre de la colonne ennemie, Zumalacarregui fit occuper la route en avant et derrière elle. Placés, par cette manœuvre, entre trois feux, les christinos à la débandade ne pouvaient se dérober aux coups des volontaires qu'en fuyant du côté de la rivière; mais un grand nombre trouvèrent une mort d'un autre genre là où ils croyaient trouver une voie de salut.

Carondelet, qui réussit avec quelques rares soldats à se soustraire à l'extermination générale de cette colonne, ne dut sa vie qu'à la force et à la vîtesse de son cheval, qui lui fit franchir un mur très-élevé, et le mit à l'abri de nos balles.

VII.

El Rojo de San-Vicente. — Manuelin. — Lumbier. — Le comte Via-Manuel; — Son exécution. — Viana. — Défaite de Carondelet. — Lacour, officier français. — Rodil fait occuper le Bastan. — Villaréal dans l'Alava. — Passage de l'Ebre, le 12 octobre. — Convoi enlevé à la cavalerie d'Amor. — Seconde entrée en Castille, le 21 du même mois. — Second avantage remporté sur la cavalerie d'Amor. — Trait de bravoure de Zumalacarregui. — Peñacerrada. — O'Doyle. — Départ de Rodil et nomination de Mina au commandement de l'armée du nord.

Après l'importante surprise d'Arbazuza, nous nous dirigeâmes sur Lumbier, patrie de l'immortel Santos-Ladron, où nous ne tardâmes pas à apprendre que la *partida* de la rivière, commandée par El Rojo de San-Vicente et Manuelin, avait surpris et fait prisonniers trente cavaliers qui escortaient un courrier allant de Madrid à Pampelune.

Nous dûmes, deux jours après, quitter Lumbier, à cause de l'approche de la colonne de Lorenzo, qui, investi du commandement de l'armée expéditionnaire de Navarre, entreprit de nous poursuivre à outrance, ainsi que l'avait fait Rodil. Les bataillons navarrais se dirigèrent vers l'intérieur de la province.

Pendant notre court séjour à Lumbier, je fus un jour de *reten* (service de place fait par une compagnie). Chargé par ce service de la garde des prisonniers, j'invitai le comte de Via-Manuel à partager mon dîner, qu'il me fit l'honneur d'accepter. Après m'avoir plusieurs fois témoigné son étonnement et sa surprise sur l'organisation si parfaite de l'armée de Charles V, il fut le premier à me parler de son exécution, qu'il regardait comme prochaine et inévitable. Je voulus lui faire entrevoir la possibilité de sa grâce, et lui, quoique peu rassuré par mon langage, me répondit : « *Il faut espérer même contre l'espérance.* » Le général, qui plusieurs fois l'avait invité à dîner, le laissait jouir d'une assez grande liberté. Dans ces égards, nous nous plaisions à trouver le présage heureux de sa grâce, lorsque l'exécution ordonnée par Rodil d'un capitaine et de deux ou trois volontaires surpris malades dans une ferme, imposa à Charles V la cruelle obligation d'ordonner qu'il serait passé par les armes avec les soldats faits prisonniers dans la même affaire. Cette exécution eut lieu à Lecumbery, sous les yeux de la colonne de Lorenzo, qui nous poursuivait. Le comte Via-Manuel avait toujours professé des opinions libérales ; aussi ne fut-on point surpris de le voir épouser avec ardeur la cause de *l'innocente* Isabelle. Après avoir reçu les secours de la religion, il mourut avec courage, accusant de sa mort la conduite atroce de l'incendiaire Rodil. Lorenzo, dans l'espoir d'obtenir une affaire décisive, continua à nous poursuivre avec un acharnement incroyable ; mais Zumalacarregui, toujours instruit de ses mouvements et de ses projets, ne lui laissait que l'occasion de quelques engagements légers et sans importance pour les deux partis.

Enfin, le 4 septembre, Zumalacarregui apprend à Santa-Cruz-de-Campezu, où il était avec quelques bataillons, que Carondelet, qu'il n'appelait que le *cobarde* (lâche), se trouvait à Viana, ville distante de deux lieues de Logroño.

Viana est placée sur une hauteur qui n'est point dominée de près, et c'est cette position d'une facile défense que Carondelet occupait avec les restes du régiment provincial de Valladolid, le 16e. de ligne, et environ 400 chevaux. Malgré l'infériorité numérique de ses troupes, malgré les fatigues, résultats de nos longues courses, Zumalacarregui, qui n'avait pas une seule pièce pour soutenir l'attaque, n'hésita point à marcher sur cette colonne ; et, par une marche forcée, il arriva avec trois bataillons jusques aux portes de la ville. Une partie de la colonne ennemie nettoyait ses armes. Les christinos, qui nous croyaient loin d'eux, nous prenant sans doute pour des troupes amies, nous laissèrent arriver sur eux sans se mettre en état de défense.

Bientôt, mais trop tard, ils s'aperçurent de leur méprise. Le rappel fut battu, et les troupes se formèrent ; mais nos premiers feux les forcèrent à quitter la ville où Carondelet abandonna les compagnies de service, qui se renfermèrent dans l'église. La cavalerie et l'infanterie se formèrent dans la plaine située entre Viana et l'Ebre. Zumalacarregui s'avança promptement contre les lignes ennemies, dont la déroute et la dispersion furent complètes, après une courte lutte. L'ennemi, vivement poursuivi, fit sans ordre sa retraite dans la direction de Logroño, où il arriva à la nuit, ce qui nous empêcha de le poursuivre davantage.

Le 16e. perdit son drapeau ; plus de 200 soldats, et plusieurs officiers restèrent sur le champ de bataille. Nous ne fîmes qu'une centaine de prisonniers, dans le nombre desquels se trouvaient 8 officiers, qui furent fusillés cinq ou six jours après. Les soldats prisonniers demandèrent et obtinrent des armes.

Dans cette action, la première pour lui depuis qu'il était au service de Charles V, un français, nommé Lacour, ex-sergent du 4e. léger, nommé sous-lieutenant dans ma compagnie, fut se mettre, sur la permission que je lui en donnai, à vingt pas de la cavalerie, et, immobile, il brûla à cette distance une vingtaine de cartouches. Dans cette même action, il fit de ses mains plusieurs prisonniers. J'ai connu peu d'hommes ayant sur le champ de bataille autant de courage et de sang froid que lui.

Pendant que Zumalacarregui battait de nouveau Carondelet à Viana, Rodil faisait occuper le Bastan, espérant empêcher par-là la communication de l'armée royale avec la France. Cette mesure, prise dès le principe de la guerre, aurait peut-être servi à la cause de la reine ; mais à cette époque, c'était une faute, puisque la garnison qu'il fit mettre à Elisondo et celles qui, plus tard, furent placées à Urdax et à San-Estevan, diminuèrent considérablement l'effectif de l'armée d'opération, et n'empêchèrent en aucune manière nos communications, qui furent facilement établies sur un autre point.

Les deux victoires remportées sur Carondelet augmentèrent l'enthousiasme des volontaires et diminuèrent considérablement celui des christinos. Avec les fusils pris dans ces actions, on acheva l'armement du 6e. bataillon et on commença celui du 7e.

Plusieurs avantages remportés par Villaréal, dans l'Alava, avaient également permis à ce dernier d'augmenter ses troupes ; il en était de même des deux autres provinces.

Rodil, par ses attrocités toujours croissantes, exaspérait de plus en plus les populations des quatre provinces, lorsque le bruit qu'il allait être remplacé par Mina commença à se répandre dans l'armée.

Zumalacarregui, qui depuis quelques jours était poursuivi avec moins de vigueur par Lorenzo, résolut de tenter une expédition en Castille. A cette fin, il passa l'Ebre le 12 octobre avec deux compagnies de guides, deux bataillons de Navarre, un de Guipuscoa et une partie de la cavalerie. Ituralde resta à La Bastida pour assurer l'entrée et le retour de l'expédition. Nous avions à peine franchi l'Ebre que le général fut instruit de la marche d'un convoi escorté par la cavalerie d'Amor. L'escorte fut attaquée et le convoi resta en notre pouvoir avec quelques armes et quelques chevaux.

Plusieurs généraux ennemis, apprenant le mouvement

de Zumalacarregui, manœuvrèrent dans le but de réunir plusieurs colonnes à Vittoria. Mais Zumalacarregui repassait l'Ebre le 14 et reprenait la route de l'intérieur de la province, pour y attirer de nouveau les colonnes ennemies. Profitant de la lassitude des soldats christinos, il se dirigea une seconde fois vers la Castille, où il entra le 21 du même mois. Amor y fut encore surpris, et le convoi qu'il escortait tomba également en notre pouvoir. Ce second engagement avec Amor eut pour nous des avantages plus grands que le premier, puisque nous nous rendîmes maîtres de 1200 fusils destinés à l'armement des Urbanos des bords de l'Ebre, et qu'une compagnie toute entière de la garde fut faite prisonnière.

A cette action se rattache un des traits si communs de la bravoure intrépide de Zumalacarregui. Les braves lanciers navarrais, qui formaient l'avant-garde de notre cavalerie, avaient dispersé celle de la cavalerie ennemie; mais, chargés bientôt par le régiment tout entier, ils durent tourner bride à leur tour. Zumalacarregui marchait avec son état-major bien en avant de sa cavalerie; il voit son avant-garde en désordre; aussitôt il donne à son état-major l'ordre de le suivre, et se précipite à la rencontre des fuyards. A sa voix les lanciers se rallient et reprennent l'offensive. Effrayé de l'impétuosité de cette seconde attaque, l'ennemi se replie en désordre devant une force six fois moindre.

Au retour de cette expédition, nous apprîmes qu'O'-Doyle marchait avec sa division sur Peñacerrada, ville par laquelle nous devions nécessairement passer. Il était de toute rigueur pour nous d'accélérer le pas afin de dépasser cette ville avant l'arrivée de l'ennemi, pour ne pas compromettre l'importante capture que nous avions faite. Des ordres donnés en conséquence par le général furent exactement exécutés, et nous réussîmes à précéder les colonnes ennemies d'un quart d'heure.

Ituralde, qui avait sous son commandement immédiat le 3e. de Navarre, fit déployer ma compagnie en guérille à l'entrée de la ville, et se dirigea avec le bataillon sur un autre point. La division d'O'Doyle ne tarda pas à se présenter; mais la vue de nos tirailleurs donna à penser au général christino que la ville était occupée par des troupes plus nombreuses, ce qui l'engagea à faire faire halte à son avant-garde et à ne point commencer l'attaque qu'il n'eut réuni toute son armée.

Deux compagnies chargées de commencer le feu contre la guérille que je commandais, s'emparèrent des positions de droite et de gauche, qui n'étaient défendues par personne. J'étais impatient de recevoir des instructions qui fixâssent ma conduite ultérieure, lorsque Ituralde, qui venait de placer la brigade à l'abri d'un coup de main, me fit parvenir l'ordre de battre en retraite, mouvement que j'opérai, soutenu, pour le cas d'attaque, par des compagnies échelonnées jusques à une grande distance. O'Doyle, qui sans doute n'avait vu dans cette retraite qu'une feinte, nous la laissa opérer librement. Il porta dans cette circonstance la prudence à ce point de n'entrer dans la ville que lorsqu'un paysan vint lui apprendre qu'elle était entièrement abandonnée par les volontaires.

Nous étions à Santa-Cruz lorsque nous connûmes

avec certitude le départ de Rodil pour Madrid et la nomination de Mina au commandement de l'armée du Nord. Zumalacarregui crut devoir porter, par un ordre du jour, à la connaissance de toute l'armée, cette nomination, qui produisit sur les volontaires et la population un effet diamétralement opposé à celui qu'en avait attendu le gouvernement usurpateur.

Les soldats de Lorenzo se plaignaient hautement de l'inutilité des courses pénibles et continuelles qu'on leur faisait faire. De là des désertions dont le nombre croissait à mesure que le mécontentement augmentait. Lorenzo dut donc cesser de nous poursuivre avec le même acharnement.

VIII.

Ituralde. — Maëstu. — Action du 27 octobre 1834. — Prise des deux O'Doyle.

Le 27 au matin, Zumalacarregui, avec la cavalerie et le premier bataillon de Navarre, occupait Santa-Cruz-de-Campezu, et, dans les villages environnants, tels que Urbizu, San-Vicente, etc., se trouvaient les autres bataillons, moins le 3e. de Navarre, qui, sous le commandement du brigadier Ituralde, occupait un petit bourg appelé *Zuniga*, situé sur la commune frontière de la Navarre et de l'Alava.

Vers les six heures du matin, Ituralde fit battre la marche, et peu de temps après nous nous mîmes en route. Le 6e. bataillon de Navarre, commandé par don Pablo Sanz, se joignit à nous. Le général, escorté par une quinzaine de cavaliers détachés de la cavalerie, donna aussitôt l'ordre de le suivre aux deux compagnies d'élite du 3e. de Navarre. Don Aguirre, qui en était alors le commandant, sépara ces deux compagnies du bataillon qui se mit en marche, avec le 6e., dans la direction des plaines de Vittoria, sous la conduite de leurs chefs respectifs qui avaient reçu les instructions d'Ituralde.

Ituralde s'étant mis à notre tête, nous prîmes un petit sentier qui se trouvait à droite, conduisant à Maëstu, jolie petite ville de l'Alava, où les christinos tenaient habituellement de fortes garnisons, à cause de l'importance de son occupation pour les communications avec l'intétérieur de la province. Nous arrivâmes à demi-portée de fusil de la ville sans être aperçus, après deux heures de marche faite avec le plus grand silence, dans le but de surprendre, ou quelques christinos maraudeurs, ou les troupeaux de bœufs que l'ennemi tenait en réserve pour l'armée, dans les excellents pâturages de ce pays.

Blottis dans le bois, nous attendions quelques détachements que nous espérions voir sortir de la citadelle; mais, fatigué d'attendre, et ayant de plus des ordres à exécuter, Ituralde nous donna l'ordre de nous lever, et fit annoncer notre présence à la garnison par un coup de fusil adroitement tiré à la sentinelle. La plus grande rumeur succéda en un instant dans la citadelle au silence le plus profond; les tambours battirent la générale avec précipitation, et le bruit des armes ne tarda pas à nous apprendre que la garnison se disposait à faire une sortie. Le général nous fit déployer en guérille à l'entrée même d'un petit bois situé près de la ville, et ordonna à l'escorte de cavalerie de rester cachée dans l'intérieur du bois.

Le commandant ennemi, après avoir formé ses soldats, et voulant par lui-même s'assurer de notre nombre, s'avança avec une vingtaine d'hommes. Nous ne répondîmes d'abord ni à leurs coups de fusil, ni à leurs insultes ; mais lorsqu'ils furent à portée et entièrement à découvert, je me précipitai en avant avec vingt de mes carabiniers, et leur première décharge mit deux christinos hors de combat; c'en fut assez pour mettre tout ce petit détachement dans une complète débandade, dont un soldat profita pour passer dans nos rangs. Le commandant, qui avait été le premier à fuir, fit rentrer en toute hâte sa garnison, et il fut impossible, malgré les provocations de toute espèce, de leur faire tenter une seconde sortie.

Deux de mes soldats voulurent aller dépouiller les deux christinos laissés sur le champ de bataille et s'emparer de leurs armes. Je ne négligeai rien pour les dissuader d'une entreprise aussi audacieuse, vu qu'ils allaient se trouver à soixante pas sous le feu de toute la garnison. Dans l'impossibilité de leur faire entendre raison, je les autorisai, mais je les fis soutenir par un détachement que je tenais prêt pour le cas où l'ennemi tenterait contre eux une sortie. Ils partirent, dépouillèrent les deux morts, s'emparèrent de leurs habillements et de leurs armes, et revinrent sains et saufs, malgré la grêle de balles que leur envoyaient les christinos. Ce trait d'audace plut beaucomp à Ituralde, qui néanmoins se crut obligé de m'adresser quelques reproches en souriant.

Voyant qu'il fallait renoncer à voir la garnison tenter une nouvelle sortie, Ituralde monte à cheval, rappelle l'escorte et nous fait défiler, l'arme à discrétion, devant la ville, à une distance de cent cinquante pas. Nous défilâmes en chantant la *requété*, chanson favorite du

3e. de Navarre, qui a donné son nom à ce bataillon ; et l'ennemi, qui probablement s'amusait à nous compter, ne nous tira pas un seul coup de fusil.

Nous continuâmes fort tranquillement notre route vers les plaines de l'Alava, nous dirigeant sur Allegria et les villages environnants. Arrivés près de la montagne qui domine les plaines de Vittoria, nous trouvâmes le 3e. et le 6e. bataillon de Navarre campés derrière. Un paysan qui était avec les commandants remit une lettre à Ituralde, et courut porter à son adresse la réponse qui lui fut confiée.

La lunette d'Ituralde, continuellement braquée sur les villages de la plaine, nous donnait à penser que l'ennemi devait s'y trouver, et que le projet de Zumalacarregui était de l'attaquer, lorsque ces paroles : « Il est temps, » prononcées avec vigueur par Ituralde, vinrent confirmer nos pensées. Le 3e. et le 6e. bataillon de Navarre gravirent au pas de course la montagne, et, arrivés au sommet, nous vîmes l'ennemi sortant sur quatre lignes d'Allegria, et prenant la route de Salvatierra ; nous pressâmes le pas, et, en un instant, nous fûmes au bas de la montagne.

Ainsi qu'Ituralde semblait le desirer, l'ennemi nous avait vus ; mais le vaillant brigadier O'Doyle, qui commandait cette division, peu effrayé de notre petit nombre, n'hésita pas à marcher sur nous et à nous offrir le combat qu'Ituralde, afin de l'exciter davantage, semblait vouloir refuser.

Enfin, Ituralde me détache en guérille, me confiant le commandement de ma compagnie et de celle des voltigeurs du même bataillon, avec ordre, en échangeant des coups de fusil avec l'ennemi, de suivre toujours le bas de la montagne jusqu'à ce que je serais arrivé au pied de celle que j'avais en face, et au haut de laquelle était un hermitage.

Je partis, et le général prit position dans une gorge qui le mettait à l'abri d'un premier coup de main, et lui permettait de recevoir assez tôt de suffisants secours s'il était attaqué par des forces supérieures.

O'Doyle, qui n'avait sans doute pas remarqué ma séparation des bataillons, suivit mon mouvement et détacha une guérille chargée de répondre à la mienne.

A peine arrivé au pied de la montagne désignée comme point d'arrêt, je vis déboucher, par le revers opposé, une nouvelle guérille que je crus d'abord appartenir à l'ennemi, mais les bérets rouges me rassurèrent bientôt, en m'apprenant qu'elle était formée par les guides de Navarre. J'ordonnai aussitôt à mes soldats de faire halte; et dès-lors, convaincu de la présence de Zumalacarregui, et appréciant la position critique de l'ennemi, je ne doutai pas que le 27 ne dût être un jour de gloire pour les armes de Charles V.

La guérille des guides venait de commencer le feu, lorsque j'aperçus Zumalacarregui à la tête de sa cavalerie, soutenue par un bataillon, débouchant par la gauche d'un mamelon qui l'avait tenu caché et s'avançant au pas de charge; les autres bataillons avançaient également, mais l'arme à discrétion.

La guérille des guides attaqua par le front, et moi j'attaquai par le flanc. Bientôt l'ardeur de l'ennemi commença à se ralentir, et il ne tarda pas à rappeler sa guérille pour faire avancer ses masses contre les nôtres. Les mouvements des lignes ennemies étaient irréguliers et lents, et, dans la contraction sensible de leurs jambes, on voyait la frayeur qui les dominait. Peut-être avaient-ils déjà aperçu l'homme terrible, monté sur un cheval noir, dont l'œil de feu était partout.

Tout à coup la voix de tonnerre de Zumalacarregui fait entendre le commandement qui plaît tant aux Navarrais : « A la baïonnette. » Aussitôt, chaque soldat, transporté de joie, porte la main à sa cartouchière et arme sa baïonnette. La charge commence à peine que l'ennemi, effrayé, est dans une complète déroute. Les officiers, dont la voix est méconnue, cherchent en vain à rallier les soldats ; les nombreux coups de plat de sabre qu'ils donnent font perdre à ces hommes effrayés le peu de courage qui leur reste, et les cris de *alto*, qu'ils vocifèrent avec force semblent porter les fuyards à s'échapper avec plus de vîtesse. Il faut avoir vu cette déroute pour s'en faire une idée exacte : les soldats jetaient, en fuyant, d'abord les sakos, puis le sac, puis leur fourniment, et enfin le fusil ; bientôt leurs jambes, glacées par la peur, leur refusant tout secours, ils tombaient implorant, les mains jointes, la clémence du vainqueur. O'Doyle voyant le mouvement d'Ituralde, manœuvrant avec le 6e. bataillon de Navarre et les compagnies du centre du 3e. pour lui couper la retraite, essaya trois fois de former ses soldats pour empêcher la destruction totale de son armée. Plusieurs officiers et soldats payèrent chèrement leur docilité à ses ordres.

Avec un imperturbable sang-froid, O'Doyle, toujours le dernier dans la fuite, se portait partout, frappant de son épée les officiers et les soldats qui tous fuyaient dans le plus complet désordre; mais enfin, son cheval ayant été tué, il fut fait prisonnier.

O'Doyle avait dans son corps un jeune frère qui, je crois, était capitaine. Ce jeune officier voyant son frère entre nos mains, loin de chercher à éviter le sort de celui qu'il regardait comme son père, se précipita sur nous en héros pour le venger; mais, obligé de céder au nombre, il devint aussi notre prisonnier.

Nous fîmes environ 650 prisonniers, dont 30 officiers; le champ de bataille resta couvert des cadavres des ennemis, entièrement dépouillés par les volontaires, qui ne leur laissèrent que le col, dont ils ne faisaient aucun usage. La prise de l'artillerie et celle du drapeau du 2e. régiment d'infanterie, appelé *le régiment de la Reine*, vinrent encore ajouter aux succès de cette belle journée.

400 Christinos environ, qui avaient ensemble quitté le champ de bataille, ne voyant d'autre moyen de s'arracher à une mort ou à une captivité certaine, se réfugièrent dans un village situé sur la route de Salvatierra, où ils se renfermèrent dans l'église et les deux maisons qui en étaient les plus proches, après avoir pris la précaution d'y faire entrer les femmes et les enfants, dans le but d'obtenir des conditions plus avantageuses s'ils étaient obligés de capituler. Placés d'ailleurs à l'abri d'un premier coup de main, ils devaient espérer de recevoir bientôt de suffisants secours.

Comme la nuit avançait, Zumalacarregui fit battre et

sonner le rappel, et nous nous réunîmes dans les villages voisins pour y passer la nuit, amenant avec nous les prisonniers. Ce même jour, avec les rares débris de l'armée d'O'Doyle, entrait à Vittoria une colonne christine commandée par Osma, forte de plus de 2,000 hommes.

IX.

Journée du 28 octobre 1834. — Les soldats prisonniers sont envoyés à Oñate. — Le Roi leur fait grâce et leur promet des armes. — Les officiers prisonniers sont fusillés. — Circonstances de la mort des deux O'Doyle. — Un jeune officier reçoit sa grâce. — Zumalacarregui attaque le 28 la colonne arrivée la veille à Vittoria. — Défaite et extermination de cette colonne. — Trait de vengeance d'un volontaire sur un christino. — Récompense accordée à la compagnie des Carabiniers du 3e. Navarre. —Jules Garnier.

Les cruautés commises peu de jours auparavant sur quelques volontaires faits prisonniers, nous donnaient le droit d'user de représailles en cette circonstance, et cependant les soldats furent envoyés au quartier royal où, sur leurs instantes prières, ils obtinrent du Roi leur grâce et la promesse d'être incorporés ; mais il n'en pouvait être ainsi des officiers, qui tous furent condamnés à être passés par les armes.

Au nombre de ces derniers étaient les deux O'Doyle. Tous deux marchèrent à la mort avec courage, demandant à être enterrés dans la même fosse. Le brigadier O'Doyle ne dit autre chose que ces paroles à un officier carliste de sa connaissance qui lui demandait comment lui, si royaliste autrefois, avait pu se dévouer à la cause de Christine : « Que voulez-vous, si le diable me payait, » je le servirais : je ne cherchais que la gloire et l'ar- » gent. » Ces paroles, que j'avais entendues, me glacèrent d'horreur; j'aurais mieux aimé le voir mourir en protestant de son dévouement à la cause qu'il avait embrassée. Arrivés sur le lieu de l'exécution, les deux frères furent placés l'un à côté de l'autre; ils s'embrassèrent aussitôt et se tinrent serrés étroitement l'un contre l'autre. Une décharge se fit entendre : tous les deux étaient tombés; et, ainsi qu'ils l'avaient desiré, une même fosse les reçut.

Deux jours auparavant, nous avions surpris un espion ennemi, porteur des dépêches d'O'Doyle au général en chef de l'armée christine. Dans ces dépêches, il se flattait de tenir, avant quinze jours, Charles V prisonnier. Pauvre O'Doyle! le lendemain il était vaincu et captif, et le surlendemain il était mort!

Les autres officiers furent fusillés immédiatement après. Les uns laissaient couler leurs larmes; les autres, par bravade ou bravoure, cherchaient à les retenir. Dans le nombre, il en était un, plutôt enfant que jeune homme, qui poussait des cris déchirants, appelait sa mère, recommandait son âme à Dieu, et se jetait aux genoux de tous les officiers qu'il rencontrait. Zumalacarregui, touché de ses larmes et de son extrême jeunesse, lui fit grâce. La reconnaissance de ce jeune officier fut à la hauteur du bienfait qu'il avait reçu, car sa conduite postérieure dans l'armée du Roi, où il fut admis selon son desir, prouva que la douleur et le désespoir dont il nous avait rendus témoins, provenaient moins de la présence de la mort, que de l'ignominie qu'il voyait à mourir pour une cause qu'il détestait, aussi bien que toute sa famille.

Après ces exécutions, Zumalacarregui envoya relever les troupes qui bloquaient le village, ou du moins les maisons dans lesquelles s'étaient refugiés les 400 christinos échappés ensemble au désastre de la veille. En même temps arriva un espion qui lui annonça que les troupes entrées la veille à Vittoria s'avançaient pour l'attaquer. Donner les ordres nécessaires, faire les préparatifs de l'attaque, et marcher à leur rencontre, ne fut que l'affaire d'un instant.

Nous n'avions encore échangé avec l'ennemi que des feux de guérille, qu'une terreur panique s'en empara. Le premier corps sur lequel nous tombâmes était celui des carabiniers, composé presqu'entièrement de vieux soldats. Le massacre en fut horrible, car les volontaires ne voulurent pas faire quartier à un seul des soldats de ce corps, le plus redoutable que nous eussions à combattre, et qui souvent en avait imposé par sa bravoure vraiment extraordinaire. Plusieurs fois, mais toujours en vain, ils tentèrent de se rallier, car le temps ne leur en était pas laissé, et si l'un d'eux ralentissait sa marche pour charger son arme, il tombait aussitôt percé par les baïonnettes des volontaires qui les serraient de près. Cette division fut poursuivie jusques aux portes de Vittoria, et laissa dans sa fuite plus de mille hommes sur le champ de bataille. Nous ne fîmes ce jour-là que deux cents prisonniers, tous soldats, les volontaires n'ayant fait quartier à aucun officier.

Le lendemain de cette action, nous marchions vers le village où les quatre cents soldats de la division d'O'Doyle étaient bloqués, lorsque nous apprîmes qu'à la faveur de l'obscurité de la nuit, ils avaient réussi à s'échapper, laissant là leurs effets, et qu'ils avaient gagné Salvatierra. Zumalacarregui eut alors un moment de bien mauvaise humeur, que tempéra le souvenir des belles journées des 27 et 28.

Nous nous dirigeâmes sur Ségura, où nous passâmes deux jours à nettoyer les armes et à parler de nos triomphes.

Je crois devoir rattacher à cette action le trait de vengeance d'un volontaire sur un *pesetero*. Zumalacarregui avait fait transporter ce pesetero blessé à la cuisse, dans l'hôpital carliste, où il fut placé à côté d'un volontaire dont une balle avait fracassé les reins.

Les douleurs vives qu'il ressentait, arrachaient de temps à autre, au volontaire, des gémissements. Le pesetero le voyant si souffrant, et présumant que toute vengeance lui serait impossible, se mit à l'insulter, et, par un raffinement de barbarie, lui chantait tout bas la *tragala* (air révolutionnaire).

Le volontaire réunit toutes les forces qui lui restaient encore, s'arme de son énorme coutelas placé près du chevet de son lit, et, dans l'impossibilité de se relever, il se laisse tomber sur le pesetero ; d'une main ferme, lui enfonce le couteau dans la bouche, et, par plusieurs mouvements prompts, lui détache la tête à moitié. Les cris poussés par le pesetero avaient fait accourir les chirurgiens, qui, ne voyant que le meurtre commis, firent au volontaire d'amers reproches, le traitant de brigand et de meurtrier; mais celui-ci, après les avoir bien écoutés, leur dit fort paisiblement : « Pour me tourmenter il » chantait la *tragala;* qu'il la chante maintenant. » Les forces manquèrent bientôt au volontaire, qui s'évanouit; cinq minutes après il était mort.

La compagnie de carabiniers du 3e. de Navarre eut sa part dans les récompenses que Sa Majesté crut devoir accorder aux bataillons qui avaient pris part à ces glorieuses actions. Je fus, à cette occasion, promu au grade de lieutenant-colonel. Mon brevet, signé par le Roi le 8 de novembre suivant, le fut deux jours après par Zumalacarregui, qui me le remit en m'annonçant qu'il me confiait le commandement de la 3e. de guides de Navarre, qui faisait partie de son escorte particulière.

A l'occasion des mêmes affaires, Jules Garnier, soldat distingué dans ma compagnie, fut, sur ma présentation, promu au grade de sous-lieutenant. Jules Garnier, natif de Nîmes, appartient à une famille qu'honorent les principes professés par tous ses membres. Il avait fait la campagne de Portugal, où il fut fait prisonnier en combattant dans les rues mêmes de Lisbonne. Les circonstances de sa captivité récente à Pampelune m'imposent le devoir de dire que je l'ai toujours vu valeureux sur le champ de bataille.

X.

Mina entre à Pampelune.— Il ordonne l'exécution de Modet. — Héroïsme de ce vieillard dans ses derniers moments. — Affaire de Sesma. — Le plus jeune des frères Reyna. — Enningsen. — Aubert, français. — Mort héroïque d'Aubert.— Quartier général à Eulate.— Mina se décharge du commandement des colonnes d'opérations.

Le premier manifeste de Mina parut empreint d'un caractère d'humanité, que ne tarda point à démentir son premier acte d'autorité, qui fut un crime infâme.

En entrant à Pampelune, Mina apprit la honteuse défaite de ses lieutenants, O'Doyle et Osma, dans les journées des 27 et 28 octobre, et ce fut sur un vertueux et vénérable vieillard qu'il fit tomber tout le poids de sa féroce vengeance.

Plusieurs personnes, accusées ou soupçonnées seulement d'appartenir par le cœur à la cause de Charles V, avaient été arrêtées et renfermées dans les cachots de Pampelune. Dans le nombre de ces captifs, était un riche propriétaire d'Estella, homme d'un âge fort avancé, mais d'un royalisme pur et d'une influence immense, et, de plus, parent du comte de Casa-Eguia, qui a eu le commandement de l'armée royaliste ; ce vieillard s'appelait Modet. Saarsfield et tous ceux qui jusques à Mina avaient hérité de son commandement, n'avaient point osé porter une sentence de mort contre cet homme vertueux, connu et aimé de tous les Navarrais.

Depuis deux jours seulement, Mina était à Pampelune, et déjà Modet s'avançait avec dignité et courage vers le lieu de son supplice, qui, par un raffinement de cruauté du proconsul christino, devait être celui des voleurs et des assassins. Arrivé près de la potence, ce vénérable vieillard, dont le front était resté calme et serein, dit en souriant à l'exécuteur : « Votre potence est trop éle- » vée ; baissez-la si vous voulez qu'elle me serve. » Ses dernières paroles furent à Dieu, à son Roi et à ses bourreaux : à Dieu, pour l'adorer ; au Roi, pour protester en mourant de son dévouement à sa juste cause ; et à ses bourreaux, pour leur faire entendre des paroles de paix et de pardon.

Les soldats qui l'escortaient jusqu'au lieu du supplice, touchés de son grand âge, frappés de l'héroïsme de son courage, versaient des larmes abondantes ; deux d'entre eux désertèrent immédiatement après les drapeaux de Christine, pour s'enrôler sous les bannières du Roi légitime. Modet laissait une veuve qui s'était réfugiée en France avec une partie de sa famille, et que Mina plongea dans l'indigence en confisquant leurs biens. Le plus jeune des fils de Modet était aide-de-camp d'Ituralde.

Zumalacarregui avait à profiter de l'enthousiasme produit dans les bataillons par les dernières victoires ; il n'y manqua pas. Les divisions ennemies, séparées les unes des autres, s'étaient renfermées dans les places fortes. Cordova avait été envoyé à Vittoria pour réunir les misérables débris des colonnes battues dans les journées des 27 et 28 octobre. Mina, comme bloqué dans Pampelune, ne paraissait pas vouloir tenter une sortie. En un mot, Zumalacarregui allait des portes d'une place forte à celles d'une autre, cherchant partout un ennemi qu'il pût combattre, et cet ennemi, il ne le trouvait pas. Cependant il apprend que Lopez, qui remplaçait dans son commandement Carondelet, appelé à Madrid pour rendre compte de sa conduite, était à Sesma, pour enlever les grains de cette ville et des villages environnants. Les bataillons se mettent aussitôt en marche vers cette ville, dont la position sur une hauteur était de nature à favoriser la défense de l'ennemi.

Quelques heures seulement avant l'attaque, arrivèrent au quartier général, avec Tomas Reyna, frère du commandant d'artillerie, deux étrangers, l'un français, nommé Aubert, que j'avais déjà vu dans le Bastan, et l'autre anglais, nommé Enningsen.

Nous étions presque aux portes de Sesma, lorsque nous aperçûmes une escorte de cavalerie ennemie qui se dirigeait sur la ville. Zumalacarregui envoya vingt lanciers à sa rencontre, et se présenta devant la ville, espérant que Lopez accepterait le combat ; mais tout ce qu'il put obtenir, fut la sortie de quelques tirailleurs que nous fîmes rentrer sans peine.

Une partie de l'escorte ennemie avait été faite prisonnière ; et dans cette charge Reyna, Enningsen et Aubert firent des prodiges de valeur ; mais l'un d'eux devait être victime de son grand courage.

L'infortuné Aubert ne put pas maîtriser le cheval fougueux qu'il montait; entraîné par son coursier, il fut fait prisonnier dans les rues mêmes de Sesma.

Lopez, favorisé par le terrain, protégé par les maisons derrières lesquelles il tenait ses soldats, et soutenu par une artillerie considérable, se maintint en état de défense dans la ville ; alors Zumalacarregui, qui n'était point en mesure de le forcer dans ses positions, ordonna la retraite, que nous effectuâmes fort paisiblement, emmenant les chevaux pris à l'ennemi.

Le lendemain, Aubert fut fusillé. Il aurait pu s'arracher à la mort, mais c'eût été au prix d'un mensonge, et l'intrépide Aubert ne voulut point mentir : on voulait l'obliger à dire qu'il avait déserté ; mais à chacune des sollicitations pressantes qui lui étaient adressées, il répondait par ces trois mots espagnols, les seuls qu'il connût encore : *Viva Carlos quinto*. Arrivé au lieu de son supplice, il fléchit le genou pour recevoir l'absolution du prêtre dont il avait sollicité le ministère. Au moment où les armes qui allaient lui donner la mort s'inclinaient, il proféra de nouveau, et d'une voix retentissante, son noble cri de dévouement : *Viva Carlos quinto*. Les troupes christines n'ayant pas tardé à abandonner Sesma, les habitants, la plupart royalistes, rendirent les honneurs funèbres au corps du brave Aubert, qu'ils déposèrent dans un des caveaux de leur église.

La participation qu'Aubert avait prise aux derniers événements de la Vendée, le fit condamner à mort. Destinée à la fois heureuse et triste ! Ce Vendéen terminait sa carrière loin de son pays, mais il s'arrachait à la hache humiliante du bourreau français, pour mourir de la mort qu'envie le soldat.

Zumalacarregui se dirigea, par les plaines de Nazar, vers les Amescuas, et établit son quartier-général dans la ville, ou plutôt dans le village d'Eulate. Pendant que nous profitions de notre paisible séjour dans cette vallée pour mettre nos armes en état, Zumalacarregui organisait un dixième bataillon, et armait, avec les fusils pris dans les journées des 27 et 28, le 8e. et le 9e. de Navarre. La cavalerie s'accrut à la même époque de deux escadrons.

Reyna venait alors de fondre deux mortiers et un obusier ; mais, comme les circonstances ne permettaient pas encore à Zumalacarregui d'en faire usage, ces trois pièces furent enterrées dans les montagnes.

Notre général cherchait, avec une attention spéciale, l'occasion de se mesurer avec Mina, et tous les volontaires partageaient son envie ; mais le chef christino trouvait plus prudent de rester dans Pampelune ; ou, s'il en sortait, ce n'était qu'après s'être bien assuré de l'éloignement de Zumalacarregui. Il était alors malade et d'une maladie qu'il a encore, et sur le caractère de laquelle on ne saurait se tromper. Obligé d'user des ménagements que réclamait sa faible santé, il donna le commandement des trois provinces basques à Caratala, qui apparut et disparut en un instant. Le commandement de l'armée d'opérations en Navarre fut donné à Cordova, homme que la reconnaissance et les principes politiques qu'il professait sous Ferdinand, auraient dû placer à la première ligne des défenseurs de Charles V.

Le 14 novembre, Mina passa la revue de ses troupes à Puente-la-Reyna, et donna ses instructions à Cordova, après quoi il rentra dans Pampelune, attendant les succès que son lieutenant Cordova avait mission d'obtenir pour lui.

XI.

Cordova offre la bataille à Zumalacarregui près de l'hermitage de San-Gregorio, et se retire sans se battre. — Le Roi et Zumalacarregui se dirigent vers la Ribera de Navarre. — Un mot sur les grenadiers du 3me. bataillon de Navarre.—Enthousiasme des peuples à la vue du Roi. — Passage de l'Aragon ; — Ximénès en facilite le passage.—Cruelle position de ce père de famille.—Zumalacarregui attaque la caserne de Villafranca. — Réception du Roi; — Son courage et ses dangers.—Circonstances extraordinaires du siége et de la prise de cette caserne.

Cordova ayant pris le commandement des troupes que Mina venait de passer en revue, vint à Los-Arcos, et de là se dirigea vers la plaine de Berueza. Il devait, d'après les ordres qu'il avait reçus, attaquer Zumalacarregui partout où il le trouverait. Zumalacarregui, bien résolu de son côté à accepter le combat, attendait, dans les positions de Sorlada, Piedramillera et Mendaza, l'ennemi, qui se montra jusques à l'hermitage de San-Gregorio. L'attente d'une action sérieuse était universelle dans nos rangs ; mais Cordova, qui probablement avait cru que nous n'accepterions pas la bataille, étonné de notre attitude, opéra rapidement sa retraite vers Estella, et de là vers Puente-la-Reyna.

Zumalacarregui profita du temps de repos, que lui laissait la retraite de Cordova, pour se diriger vers la Ribera de Navarre, et punir l'insolence de quelques peseteros et urbanos qui l'avaient insulté par de sales propos et par des lettres pleines de bravades. Je fis partie de cette expédition, non plus comme capitaine des grenadiers du 3e. de Navarre, mais comme capitaine de la 3e. des guides de Navarre, dont le commandement m'avait été confié le surlendemain de l'affaire de Sesma. Que mon lecteur me pardonne de consigner ici l'expression de mon admiration pour la conduite toujours valeureuse de la compagnie des grenadiers du 3e. de Navarre, et celle de ma reconnaissance pour les preuves si nombreuses d'affection et de dévouement que m'ont offertes les braves qui la composaient.

Le Roi se mit à la tête de ses braves bataillons, et nous prîmes le chemin de Peralta, Falsès et Villafranca. Les volontaires étaient fous de joie ; leurs gais refrains faisaient oublier à quelques-uns d'entr'eux leur pays, qu'ils semblaient quitter avec regret.

De temps en temps le Roi s'amusait à courir les lièvres que nous faisions partir des broussailles près desquelles nous passions. Habile tireur, il manquait rarement celui qu'il avait visé. Nous partagions tous vivement le plaisir qu'il prenait à cet amusement, et les cris répétés de *vive Charles V !* allaient d'échos en échos retentir dans les villes voisines. Désireux de voir le Monarque qu'ils adoraient, les habitants des villages et des campagnes quittaient leurs travaux et venaient en foule, hommes, femmes, vieillards, enfants, mêler leurs chants aux nôtres, et nous offrir du bon vin de Falsès. « Amis, frères, buvez, et vive » Charles V ! » A cette invitation, les soldats oubliant leurs fatigues, noyaient dans de larges libations le souvenir de leurs montagnes. Les filles étaient venues avec leur guitare ; les jeunes gens avec le tambour de basque, qu'ils quittaient bientôt pour s'enrôler dans nos rangs. On jouait le *fandango* (danse nationale) et les soldats allaient prendre les jeunes filles, heureuses de danser, surtout devant leur Roi, qui s'arrêta pour être témoin de la joie de ses fidèles sujets.

Touché de tant d'amour, il ne peut retenir ses larmes ; on s'en aperçoit ; aussitôt l'air retentit de nouveau du cri chéri : *Vive Charles V !* et la foule de se presser autour de lui pour voir, contempler et toucher le Monarque qu'elle adore.

Au milieu de cette scène, qu'il est impossible de rendre, et qu'il faut avoir vue pour la comprendre, était le brave général, attendri jusqu'aux larmes. Oh ! qu'il devait être fier, alors que tous les yeux étaient tournés vers lui, et que la foule, après l'avoir demandé au soldat, le montrait du doigt, alors que les cris de *vive le Roi ! vive Zumalacarregui*, répétés par tant de bouches, retentissaient confondus à son oreille.

Mais, réprimant son émotion, il ordonne à chacun de reprendre son poste ; nous avions devant nous deux chemins ; celui de droite conduisait à Peralta, et celui de gauche à Villafranca ; il envoya deux compagnies sur le chemin de Peralta, pour faire rentrer la garnison de cette ville en cas qu'elle eût voulu inquiéter notre marche, et le restant de l'armée prit la route de Villafranca. Lorsque nous fûmes près de la rivière appelée *l'Aragon*, que nous étions obligés de passer au gué, il détacha deux compagnies ; la mienne était du nombre : « En avant, » mes amis ! » m'écriai-je, après avoir reçu les ordres du général. Je fis presser le pas à mes soldats ; nous étions au nombre de ceux qui devaient attaquer la caserne. Il serait difficile de peindre la joie des volontaires. Ils disaient entr'eux : « Il est probable qu'avant la nuit » quelques-uns de nous auront goûté la prune ; eh bien, » ceux qui resteront boiront à l'heureux repos des morts. » Ils se mirent ensuite à entonner leur chanson favorite, qui a au moins trente-six couplets, et qui, pour la poésie, a presque autant de mérite que la complainte si connue du juif errant. Leur chant me faisait plaisir ; et, par des couplets qu'ils avaient faits pour moi, et qu'ils y ajoutaient, ils me donnaient la preuve de leur attachement et de leur amour. Aussi je comptais sur eux.

Arrivés sur les bords de l'Aragon, je trouvai mon vieil ami Ximénès, premier confident de Zumalacarregui. Il était là avec 20 soldats pour nous faciliter le passage. « Holà ! me dit-il, c'est vous qui êtes chargé d'attaquer » la caserne ?—Oui, mon brave ; où est le gué ?—Par ici, » tout droit, et vous ne pouvez vous tromper ; mais » méfiez-vous de l'ennemi ; il est peut être caché dans » les broussailles ; il pourrait vous faire du mal. » J'avais l'intention de passer, mais je ne m'en suis pas senti la force. Je remarquai combien il était pâle et triste en me disant ces paroles, et je vis des larmes couler de ses yeux, lorsqu'il ajouta : « Vous viendrez loger chez moi. » Ces pleurs m'étonnaient d'autant plus, qu'outre la réputation de brave dont il jouissait dans l'armée, on le regardait comme un vieux militaire ; depuis la guerre de l'indépendance, dans laquelle il s'était fait remarquer, il avait pris les armes toutes les fois qu'il avait fallu combattre pour son Roi et son pays. M'approchant de lui, je lui demandai s'il craignait que nous ne fussions obligés de repasser sans avoir pris la caserne, et que, pour se venger, l'ennemi n'incendiât sa maison ? « Non, me répondit-il. Alors vous tremblez pour votre femme, vos » enfants ? — Oui, mon ami, je tremble pour mes enfants. » J'ai cinq garçons ; vous en connaissez quatre, tous officiers dans nos bataillons ; mais le cinquième !.... — Eh » bien ! le cinquième ? — C'est mon aîné..... il commande » la garnison de Villafranca..... ô honte !.... Mais la volonté de Dieu soit faite. »

Après cette triste révélation, je n'eus point la force de lui répondre ; je lui serrai la main et m'éloignai. Il vit que je comprenais sa position, et il ajouta : « Nous nous reverrons. » D'abondantes larmes coulaient de ses yeux sur ses joues flétries par la douleur, et, pour cacher les miennes, je me tournai et me mis à la tête de mes soldats, afin de passer la rivière. Quelle position que la sienne ! Père de famille, il avait des entrailles de père, et pourtant son devoir le forçait à participer à la prise de la caserne.

Le plus jeune de ses fils avait été cadet dans ma compagnie ; blessé à l'action de Viana, les bontés que j'avais eu pour lui m'avaient valu l'amitié de son père.

Plongé dans les réflexions qu'avaient fait naître en moi la triste position du père Ximénès, j'étais comme anéanti ; je ne songeai même pas qu'à quelques pas l'ennemi nous attendait, lorsqu'une forte détonnation m'avertit qu'il était temps de me tenir sur mes gardes ; mais trop avancé pour me mettre à couvert, je m'écriai, en avant ! Aussitôt mes soldats, quoique dans l'eau jusqu'à la ceinture, pressèrent leur marche. Nous reçûmes une décharge entière ; quelques balles tombèrent à côté de nous. Malgré la tristesse qui m'accablait, je ne pus m'empêcher de rire de la répartie d'un caporal, Alfons, d'Avignon, déserteur du 4me. léger. Une balle tombe à côté de lui et fait jaillir l'eau sur sa figure : « Ma foi, » dit-il, celle-ci vient fort à propos, je n'avais pas eu le » temps ce matin de me laver le museau. » Ce propos peint bien le caractère français.

Nous arrivâmes de l'autre côté de la rivière en criant : *Vive Charles V !* Après avoir fait une décharge, l'ennemi avait pris la fuite en courant. Ainsi que j'en avais reçu l'ordre, je formai de l'autre côté ma compagnie, pour protéger le passage de Zumalacarregui, s'avançant avec deux compagnies du 4e. bataillon de Navarre, dont une, celle de chasseurs, était commandée par un français nommé Pradelles, depuis plusieurs années au service d'Espagne. Zumalacarregui, à la tête de ces braves, se dirigea vers Villafranca, et moi je restai, attendant que le Roi et les autres compagnies du 4me. fussent arrivées. Charles V, avec son état-major, passa à la tête du bataillon, et, malgré les balles que l'ennemi tirait de la tour de l'église, il fit son entrée au milieu des acclamations et des *vivat* des habitants de la ville. Les deux pièces d'artillerie, prises dans l'action du 27, passèrent en même temps. Le bataillon des guides venait après; je repris mon poste, et nous entrâmes dans Villafranca, où nous campâmes sur la place. Les faisceaux d'armes étant formés, je me dirigeai avec quelques amis vers la caserne. La compagnie des chasseurs était déjà entrée dans l'église, dont la porte, presque démontée par deux coups de canon, avait été achevée par des décharges que Pradelles fit faire dans les serrures. Cette opération se fit si vîte, malgré les feux de l'ennemi, que les urbanos n'eurent pas tous le temps d'entrer dans la tour, qu'ils avaient fortifiée, et où ils se croyaient inexpugnables, pensant que les *brigands* des montagnes ne pourraient jamais les déloger d'un lieu qui avait survécu aux ravages du temps et bravé des siècles nombreux. Cette tour avait été bâtie par les Maures, dont les constructions étaient si solides que les boulets ne pouvaient les détruire. Trois furent faits prisonniers dans l'église même, et furent fusillés quelques heures plus tard, après avoir reçu les secours de la religion. Terribles, mais justes représailles des cruautés que ces mêmes urbanos avaient commises sur deux volontaires blessés qui avaient été surpris dans leur lit.

Charles V, en entrant dans Villafranca, fut obligé de descendre de cheval, porté en triomphe par les habitants précédés par la musique de la ville.

Les urbanos, témoins de cette réception, tiraient du

haut de la tour sur tous ceux qui paraissaient ; plusieurs balles passèrent près de Charles V, qui oubliait tous les dangers, tant il ressentait de joie ; et ce n'était qu'avec peine que l'on obtenait de lui qu'il fût un peu plus prudent. Enfin, il arriva au logement qui lui était destiné, et qui se trouvait près de l'église.

Les urbanos, qui entendaient toutes ces acclamations, criaient et semblaient, du haut de leur tour, faire entendre leur chant de mort : *Vive la liberté ! vive la constitution ! meure Charles V et le chef des brigands !* et chaque cri était suivi de décharges de fusil.

Cependant Zumalacarregui faisait faire tous les préparatifs nécessaires pour s'emparer de la tour ; il était déjà maître de toute l'église. Des charrettes chargées de matelas, de paille et de bois arrivaient de tous côtés ; tous les habitants, voulant contribuer à l'extermination de ceux qui les tenaient opprimés depuis quelques mois, se faisaient un devoir d'apporter tout ce qu'ils jugeaient devoir être utile.

Avant de commencer l'attaque de la tour, Zumalacarregui les fit sommer de se rendre, s'ils voulaient éviter la mort. A cette invitation, ils répondirent par de nouvelles insultes, et par les cris de *mort aux brigands des montagnes !*

Au moyen de matelas fortement serrés entre deux planches, l'on parvint à approcher de la porte de la tour, d'où il était facile de faire arriver, par une corde, tout ce qui était nécessaire pour y mettre le feu. Pendant que l'on faisait tous ces préparatifs, des soldats placés dans les maisons de la ville, empêchaient les urbanos de pouvoir, sans courir de grands risques, inquiéter ceux qui se trouvaient à la porte.

L'on parvint, après beaucoup de peine, à démolir la porte de la tour, soit à coups de hache, soit avec des coups de fusil tirés dans la serrure. La porte étant entièrement brisée, Zumalacarregui leur signifia de se rendre, ajoutant que bientôt il ne serait plus temps. Le capitaine lui répondit par un coup de fusil dont la balle frappa dans le mur au-dessus de la tête du général, qui eut en outre à supporter les injures les plus grossières. Ils espéraient que le feu ne pourrait point les atteindre, ayant remplacé par une échelle en corde qu'ils tirèrent lorsqu'ils furent au sommet, celle en bois qui y était auparavant. L'on entassa, autant que l'on put, du bois, de la paille, du soufre et des piments. Sur cet ensemble on versa de l'eau-de-vie, et on sema de la poudre à laquelle on mit le feu.

Une fumée épaisse, occasionnée par ces matières diverses, ne tarda pas à s'élever, et l'odeur du soufre et du piment devint tellement forte, qu'il leur fut impossible de rester dans la tour sans être asphixiés. Heureusement pour eux que la nuit était venue, et, qu'avant que la flamme éclatât, ils purent se mettre à l'abri des balles derrière les petites galeries qui entouraient l'édifice. Plusieurs fois ces paroles : *Nous nous rendons*, se firent entendre ; et les femmes qu'ils y avaient fait entrer, poussaient des cris qui déchiraient l'ame. Le capitaine, toujours ferme, ne voulut point se rendre ; mais dans l'espoir que, débarrassé des femmes, il pourrait se mettre à l'abri des flammes qui commençaient à s'élever, il pria de vouloir bien permettre qu'elles descendissent. Zumalacarregui, pour épargner ces malheureuses, y consentit; mais à condition que le prêtre et la fille de Morionès, âgée de quatorze ans, et dont le père était capitaine dans le 3e. bataillon de Navarre, descendraient les premiers. Ils avaient fait entrer de force ces deux personnes dans l'espoir qu'on n'oserait les attaquer, croyant être aussi heureux que les urbanos de Peralta qui, surpris quelque temps auparavant dans le couvent qui leur servait de caserne, avaient empêché les moines d'en sortir, et évitèrent par ce moyen la mort qui leur était réservée.

Le prêtre descendit le premier, au moyen de l'échelle en cordes qu'ils avaient conservée et qu'ils mirent en dehors. Il nous fit le tableau le plus effrayant de ce qui se passait dans la tour. Tous ces malheureux voulaient se rendre, le commandant seul s'y opposait : « J'aime » mieux, disait-il, mourir ici, que de tomber dans les » mains de mes ennemis. » Vint ensuite la fille de Morionès; son père était avec nous; il la prit et l'emmena, heureux, disait-il, de la voir, car il tremblait beaucoup pour ses jours. La troisième personne qui descendit était la femme du commandant. Jeune, belle et mère d'un enfant de huit mois qui s'était brisé la tête sur le toit de l'église au moment où, se sauvant des flammes, et lui faisant respirer l'air que la fumée lui avait rendu si nécessaire, elle reçut une balle qui, après avoir traversé son enfant, vint la frapper au sein. Cette infortunée mère, les cheveux en désordre, le désespoir dans les yeux, maudissait son mari, maudissait la reine, demandait son enfant à grands cris et appelait la mort à son secours. On lui demanda qui elle était : « La femme de Ximénès, » répondit-elle. A ce nom, que j'avais presque oublié, je me souvins du père, et sentis combien il avait raison d'être dans la douleur. Zumalacarregui fit prendre cette infortunée femme par deux soldats, et ordonna qu'on eût pour elle les plus grands égards.

Les autres femmes descendirent ensuite les unes après les autres ; deux seulement étaient mariées, le reste était voué à la débauche, elles intéressèrent moins. Quant à moi, une seule m'avait frappé, c'était la femme du commandant.

Zumalacarregui les fit conduire, au nombre de vingt, dans une chapelle de la Vierge où l'on avait mis des matelas. Deux d'entr'elles étaient blessées ; la femme du commandant était du nombre. Elle nous cacha sa blessure, ou peut-être sa position la lui fit oublier. L'autre était une jeune veuve, surnommée, par les urbanos, *l'héroïne*, à cause de son dévouement à Christine. Elle avait été blessée au bras en tirant, ainsi que les prisonniers me le dirent plus tard, le vingtième coup de fusil. Cette malheureuse portait les signes de son libertinage.

Laissons pour un moment l'héroïne et ses compagnes dans la chapelle de la Vierge, et revenons à ceux qui étaient dans la tour alors tout enflammée.

XII.

Suite du siége et prise de la tour de Villafranca.

Lorsque toutes les femmes furent descendues, le commandant adressa au général des remercîments, qu'il accompagna d'un coup de fusil qui atteignit mortellement un capitaine, qui plus que les autres avait contribué à la délivrance de son épouse.

Zumalacarregui envoya chercher deux compagnies de guides, la 1re. et la 3me., qui étaient ses compagnies de prédilection, et qui en conséquence formaient son escorte particulière. J'allai de suite réunir mes soldats, et je me rendis à l'église. A mon retour l'on fit de nouvelles sommations, que l'obstination du commandant rendit infructueuses. Tout-à-coup le feu gagna le haut de la tour. Les peseteros furent obligés de jeter leur poudre, pour éviter une explosion; les cloches, bientôt entraînées par les appuis qui les soutenaient, achevèrent de rendre leur position insoutenable. Pour souffrir moins de la chaleur, ils furent obligés de jeter sur le balcon, leur seul refuge, l'eau qui leur restait comme unique et dernière ressource, et bientôt ils eurent à supporter une soif qui était augmentée par la chaleur qui se faisait ressentir de plus en plus. Ceux qui étaient atteints mortellement par nos balles, étaient, par ordre du commandant, jetés dans l'intérieur de la tour, et par ce moyen il empêchait que leurs cris n'augmentâssent l'irrésolution de plusieurs de ses soldats. Ximénès, profitant de l'obscurité, envoyait toujours quelques coups de fusil, qui atteignaient ordinairement celui qui était visé. Zumalacarregui fit faire pendant la nuit des meurtrières dans toutes les maisons qui entouraient la tour, et, après y avoir fait placer des soldats, il fut, en attendant le jour, dans la chapelle de la Vierge, voir les femmes qui y étaient déposées. Quel spectacle! toutes ces malheureuses, les cheveux épars, les habits en désordre ou brûlés, étendues pêle-mêle sur des matelas, semblaient vouloir cacher leur honte l'une dans le sein de l'autre. Seule aux pieds de la statue de la Ste.-Vierge, assise sur ses talons, les mains jointes sur ses genoux, l'infortunée et belle Ximénès inspirait des sentiments du plus vif intérêt. Ses longs cheveux d'ébène tombaient épars sur son cou plus blanc que l'albâtre; ses beaux yeux noirs étaient fixés sur l'image de la reine du monde. Qu'elle était belle! Comme sa prière devait être fervente! Que demandait-elle? Peut-être d'aller rejoindre son fils. Je ne pouvais me lasser de l'admirer, lorsque le général s'avançant, leur dit: « Levez-vous, mal» heureuses.» Elles obéirent; Ximénès seule parut ne point entendre l'ordre du général, et resta comme absorbée dans sa prière. Zumalacarregui ne put, en la regardant, retenir son émotion; et s'approchant d'elle: « Ce n'est

» point ici, lui dit-il, votre place, retirez-vous, vous ne » devez point être confondue avec des femmes perdues. » Et en même temps il lui tendit la main pour l'aider à se relever. « Mais où irai-je, dit-elle ? Ne suis-je point la » femme de Ximénès ? Qui me recevra ? — Votre beau- » père. — Oui, mon beau-père, il m'aimait beaucoup » autrefois ! mais aujourd'hui voudra-t-il me recevoir ? » Ne suis-je pas la meurtrière de mon enfant ? O mon fils ! » où es-tu ? Vas, j'irai te rejoindre bientôt ! »

Attendri jusqu'aux larmes, je lui offris mon bras, sur l'invitation qui m'en fut faite par Zumalacarregui, pour la conduire chez elle. Elle l'accepta, et, avec un autre officier qui la connaissait, nous sortîmes de l'église, nous dirigeant vers la maison du père Ximénès ; celle de son mari était occupée par une compagnie. Je vis que son bras était plein de sang. « Du sang ! — Ah oui, dit-elle, je » n'y pensais plus, je suis blessée. » Pauvre femme ! Ses chagrins lui avaient fait oublier sa blessure ! Depuis un an, quoiqu'une partie de sa famille habitant Pampelune fût libérale, elle avait fait tous ses efforts pour dissuader son mari de prendre parti pour la reine ; mais l'ambition de celui-ci, flattée du titre d'alcade de Villafranca, et de commandant des urbanos, que lui avaient fait conférer ses amis et parents de Pampelune, l'avait décidé à prendre les armes contre ses principes et contre la cause que défendaient et son père et ses quatre autres frères.

Pendant le trajet, elle ne se plaignit point de son mari ; de temps en temps elle répétait : « O mon Dieu ! s'il » pouvait avoir sa grâce ! Mais non, il ne l'obtiendra pas, » il a fait tant de mal aux royalistes ! Mon Dieu ! mon

» Dieu! protégez-le! protégez-moi! » Espérez, espérez; c'est tout ce que je pouvais lui dire, suffoqué par mes larmes.

Arrivés à la porte de la maison, une vieille femme vint nous ouvrir. Ciel! Elle reconnut sa belle-fille et tomba évanouie sur le pavé. « Vous le voyez, dit-elle, je » suis un objet d'horreur, même pour mes parents. — » Non, ce n'est point de l'horreur que vous inspirez, » mais bien de l'intérêt et de l'amour maternel. » Une servante, attirée par le bruit, se présenta et nous aida à relever sa maîtresse. Deux fils du vieux Ximénès vinrent aussi au secours de leur mère. Nous entrâmes dans une chambre; le père Ximénès y était. En me voyant, il fit un effort pour se lever du fauteuil où il était assis, et me demanda : « Eh bien! mon fils a-t-il péri? » Apercevant aussitôt sa belle-fille couverte de sang. « Malheu- » reux, » s'écrie-t-il...... et il retombe sur son fauteuil, la tête renversée et les bras tendus comme pour recevoir son infortunée belle-fille, qui se précipita à ses genoux, malgré les douleurs qu'elle devait éprouver. — Je ne me sentis pas la force d'assister plus long-temps à cette scène déchirante. Quelques voisins et les frères étaient présents; je m'échappai au plus vîte, et je me rendis de nouveau à l'église.

J'y arrivai à la fin de l'interrogatoire des femmes. L'une d'elles, mariée, avait été renvoyée. Il n'en restait plus qu'une à interroger. « Qui êtes-vous? » lui demanda le général, qui ne pouvait tenir son sérieux et se tournait de temps en temps pour laisser échapper un sourire occasionnée par la frayeur de ces femmes; car depuis que la pauvre Ximénès était partie, la scène avait entièrement changé. Ces malheureuses étaient toutes des filles publiques. « Moi, répondit-elle, je suis la veuve Juliano, l'on » m'a fait entrer par force dans l'église.—C'est l'héroïne, » dit un volontaire qui la reconnut. — Ah ! vous êtes l'hé- » roïne ! eh bien, avec les autres à *confesar*. » Mot terrible dans la bouche de Zumalacarregui.

Cette parole les glaça d'effroi : « Notre général, criaient- » elles, accordez-nous la vie; faites-nous grâce; vous » serez notre père, notre sauveur. — Est-ce que je veux » être le père de femmes comme vous ! » Et il se retira, les laissant dans la persuasion qu'elles seraient fusillées ; mais telle n'était point son intention ; il les fit sortir de l'église et conduire par une escorte dans les prisons de la ville. —Le jour commençait à paraître ; rien ne restait dans l'intérieur de la tour ; tout avait été détruit ; et si ce n'eût été quelques coups de fusil tirés par les urbanos, et surtout par le capitaine, nous aurions cru qu'ils avaient tous péri. Mais à mesure que le jour augmentait, les coups de feu devenaient plus rares, soit parce que les munitions leur manquaient, soit parce que les volontaires dirigeaient une grêle de balles sur celui qui faisait le moindre mouvement, par les meurtrières pratiquées dans les maisons. Couchés à plat ventre sur le balcon, ce n'était qu'avec une grande peine qu'ils pouvaient remuer. On les somma de nouveau de se rendre : « Non, répondit » le capitaine : *Vive la constitution ! vive la liberté !* Je » brûle la cervelle au premier qui parle de se rendre. » — Quoique la position ne fût pas tenable, il avait encore l'espoir d'être délivré par quelque division ennemie.

Mais bientôt la faim et la soif vinrent augmenter leurs souffrances ; et, ne pouvant plus y tenir, le lieutenant, d'une voix forte, demanda à parler au général. «Me voilà,» répond celui-ci ; et en même temps il se montra à découvert, malgré le grand danger qu'il courait à se mettre en face des urbanos. « Faites cesser le feu, répondit le » lieutenant, alors je me montrerai et je descendrai. » Zumalacarregui le fit de suite ; et lui, un instant après, s'affala le long de la corde : « Général, lui dit-il, nous nous » rendons, le commandant seul excepté, qui veut mourir » dans la tour. Je ne sollicite point ma grâce, car nous » méritons la mort, et nous ne déposons les armes, que » parce qu'une plus longue défense est impossible. » Et il disait vrai, car ses lèvres noircies par la poudre, nous prouvaient qu'il n'avait pas perdu son temps. Plus tard, il m'avoua avoir brûlé 60 cartouches. « Général, ajouta- » t-il, nous nous confions à votre générosité ; et si nous » devons être fusillés, nous ne demandons qu'un jour » ou deux pour nous réconcilier avec Dieu. » Le général leur répondit : « Nous verrons ; mais dans tous les cas il » sera toujours fait droit à votre dernière demande. » Alors il nous quitta, et remonta par la corde pour aller chercher ses compagnons, qui ne tardèrent point à descendre. L'aspect de ces figures épouvantables, leurs lèvres noircies et comme calcinées par la poudre, leurs vêtements en lambeaux et brûlés, tout inspirait l'horreur et l'effroi ; on eût dit des démons échappés un moment de l'abîme pour venir épouvanter par leur présence les témoins de leur apparition. — La première chose qu'ils demandèrent fut de l'eau, que les volontaires s'empressèrent de leur donner. On les fit tous asseoir sur des bancs qui se trouvaient au milieu de l'église. « Et le ca- » pitaine ? » demanda Zumalacarregui. « Il s'obstine à ne » pas descendre, » répondit le lieutenant. Un officier avec qui il avait été lié autrefois, s'approcha alors de la tour, et l'engagea à se rendre. « Peut-être le général, » lui disait-il, aura des égards pour vous, par consi- » dération pour votre malheureux père.—Par considéra- » tion pour mon père ! ! ! s'écria-t-il. Ah ! oui, mon père ; » mais vous le savez bien, je l'ai poursuivi ; je voulais le » tuer...... » Ces paroles nous glacèrent d'effroi ; et l'intérêt que son courage, et surtout le souvenir de son vieux père, m'avaient inspiré, fit place dans mon ame à un sentiment d'horreur. « Eh bien ! s'il ne veut pas se » rendre, dit Zumalacarregui, il va mourir. » Et en effet, l'on préparait des échelles pour pouvoir arriver jusqu'au balcon, lorsque son ancien ami s'approchant de nouveau de lui, lui dit : « Par pitié pour votre pauvre femme, » rendez-vous ; vous avez vu la manière dont le général » l'a reçue, et les ordres sévères qu'il a donnés afin qu'elle » fût respectée et environnée de soins. — Je me rends, » dit-il ; et comme s'il eût craint de résister à cette détermination, il s'affala tout de suite le long de la corde. Tous les yeux étaient fixés sur lui ; nous voulions tous le voir. D'une taille médiocre, excessivement maigre, ses yeux vifs tenaient la moitié de sa figure. Pour coiffure, il avait un béret rouge surmonté d'un gland vert, couleur des libéraux ; pour habit une *samara*, veste en peau de mouton, un pantalon rouge, autour de ses reins une cartouchière. « Me voilà, dit-il, en s'approchant fièrement du

» général ; sur ce que m'a dit mon lieutenant, je me rends.» Zumalacarregui le regarde avec son œil de feu, et lui demande ce que lui a dit son lieutenant. « Que vous nous » accordiez la vie. — Appelez le lieutenant, » dit le général. Le lieutenant se présente. Zumalacarregui l'interroge : « Que vous ai-je promis ? — Rien, répondit-il ; je » ne vous ai demandé que le temps de nous confesser. » Ximénès se tourne alors vers son lieutenant et lui dit : « Je me doutais bien, que tu me trompais... Enfin il n'est » plus temps. » Et silencieux, les yeux baissés, mais d'un pied ferme, il alla s'asseoir avec ses soldats. De temps en temps, le regard sévère qu'il lançait sur le lieutenant, faisait voir combien il était fâché de l'avoir cru sur parole.

Zumalacarregui fit emporter tout ce que les urbanos avaient dans l'église, mais leurs armes étaient presque toutes brûlées, et beaucoup d'effets devaient être ensevelis sous les cendres de l'intérieur de la tour, dont il ne restait plus que les murs brûlants. Il fit ensuite charger tout ce que l'on avait pu trouver, et fit battre la marche. La garde des prisonniers me fut confiée. « Vous en êtes » chargé, me dit-il ; lorsqu'ils auront achevé leurs pré- » paratifs et leur dîner, vous viendrez sur la place. » Mauvais signe, dis-je en moi-même, puisqu'ils sont confiés au bataillon des guides, il est probable qu'ils seront fusillés.

XIII.

Départ de Villafranca. — Châtiment humiliant infligé aux femmes prises dans la tour. — Le fils Ximénès pendant le trajet reçoit la visite de son père et de ses frères. — Les prisonniers sont passés par les armes. — Nouveaux malheurs de la famille Ximénès.

Je me rendis à mon logement, pour quelques affaires que nécessitait notre départ, lorsque j'aperçus un grand rassemblement, d'où partait le cri : *A l'eau! à l'eau!* C'était l'héroïne et ses compagnes montées sur des ânes, qu'entourait toute la population. Leur tête rasée et leurs épaules découvertes avaient été induites d'une couche de miel sur laquelle on avait fixé une quantité considérable de plumes de volaille. Ainsi parées et montées, le bourreau leur faisait faire le tour de la ville. Cette punition me fit oublier pour un moment les malheurs de l'intéressante famille Ximénès.

Le tambour battait la marche; j'eus bien desiré aller voir le père Ximénès; mais le temps ne me le permettait point. Je me rendis à l'église, et, après avoir fait lier les prisonniers de deux en deux, je me mis en route. Le

Roi se plaça à la tête des bataillons. Celui des guides le suivait immédiatement. Ma compagnie, avec les prisonniers, venait après ; marchaient ensuite les autres bataillons. Je voyais combien le commandant, qui était attaché avec le lieutenant, souffrait de se voir ainsi lié. Malgré les ordres sévères que j'avais, j'exigeai de lui sa parole d'honneur qu'il ne chercherait point à s'échapper ; il me la donna, et je le fis délier. Il me remercia. Comme il s'était aperçu, à mon accent, que j'étais étranger, il ajouta : « Je suis heureux d'être conduit par un Français. » Peu à peu je parvins à mériter sa confiance, et, pour m'en donner une preuve, il me fit quelques questions, auxquelles je répondis de mon mieux. Autorisé par celles qu'il m'avait faites, je lui dis : « Je vous connais, je suis » un ami de votre père et de vos frères. — Ah ! mon » père, répondit-il, quels chagrins je lui ai causé........ » Si j'avais eu à commander à des hommes décidés à » mourir, et non à des lâches, comme ces misérables, » qui n'ont que le courage des bravades » (en même temps il me montrait ses soldats), « j'eusse vendu chère- » ment ma vie ; mais les traîtres ! ils m'ont trahi..... Ne » serais-je pas plus heureux, si j'étais mort enseveli sous » les cendres de la tour. » Nous parlâmes long-temps de son père. Je voulus un instant lui faire apercevoir la possibilité de sa grâce, mais il me dit aussitôt : « J'en ai » trop fait..... C'est impossible. » Et alors il ajouta : « Quand nous serons arrivés au lieu de notre destination, » je réclamerai de vous un service auprès de mon père, » puisque vous en êtes l'ami. »

Nous arrivâmes avant la nuit à Carcastillo, petite ville

située sur les frontières de l'Aragon. Le Roi s'arrêta dans un couvent magnifique, qui se trouve sur la gauche, en dehors de la ville. Je logeai avec les prisonniers à l'hôtel-de-ville. L'on apporta des vivres pour eux ; j'engageai le capitaine et le lieutenant à souper avec moi ; ils acceptèrent.

Après le repas, le commandant me dit qu'il voulait me parler en particulier. Mes camarades s'éloignèrent, et il commença en ces termes : « Puisque vous connaissez » mon père, veuillez me dire s'il vous a quelquefois » parlé de moi ?—Non, jamais ; j'ai appris que vous étiez » son fils au passage de la rivière.—Eh bien ! il faut que » vous m'obligiez, en le décidant à me venir voir. J'ai eu » beaucoup de torts envers lui, je me suis conduit comme » un monstre. Un jour j'avais pris l'engagement de » l'amener mort ou vif, et, à cette fin, je l'ai poursuivi » avec cent hommes pendant une journée entière. Mais » maintenant je suis malheureux, et mon cœur a besoin » de le voir. Si j'avais suivi ses conseils, je n'aurais ja- » mais pris les armes contre mon Roi, et je ne serais pas » dans la position où je me trouve. En 1823, j'étais sous » ses ordres. O ! que n'ai-je soutenu la réputation que je » me fis alors ! Si, dans cette guerre, cette main a mas- » sacré des royalistes, dans l'autre elle a tué plus d'un » *negro* (nom que l'on donne aux constitutionnels, en » Espagne) ; car j'ai l'œil juste, et ma balle atteint tou- » jours l'objet que j'ai visé. De grâce, faites venir mon » père, faites venir aussi mes frères. »—Je le quittai, recommandant à mon sous-lieutenant, de Barrès, la plus sévère surveillance.

Tout près du logement du général, j'aperçus le père Ximénès, qui se promenait silencieusement, les yeux fixés à terre. Je n'osais troubler sa douleur, tant je la respectais. Cependant j'avais promis. Je l'appelle. Il lève la tête, me voit et se précipite dans mes bras. « Ah ! » Alejos, que d'infortunes ! Que je suis malheureux ! Je » sais tout ce que vous avez fait pour moi ; vous êtes mon » ami et vous le serez toujours. — Ecoutez, lui dis-je, il » faut que vous me rendiez un service. — Et lequel ? — » Il faut venir voir votre fils. — Mon fils ! ! Faut-il donc » que je boive le calice jusqu'à la lie ? Mon fils ! Le mal- » heureux, il a déshonoré ma vieillesse, il abrège mes » jours, il est le meurtrier de son enfant, et peut-être » il sera celui de sa femme et de sa mère. — Oubliez tout, » et venez le voir avec vos enfants. — Eh bien ! soit, » j'irai ; mais avant j'ai besoin de voir le général. Dans » une heure j'y serai, je vous le promets. » — Je me hâtai d'aller apprendre cette nouvelle au commandant, qui, ne sachant comment me remercier, me sauta au cou et m'embrassa.

Mon ami Enningsen étant venu me voir, je le priai de rester pour être témoin de la scène qui aurait bientôt lieu. — Une heure après, le père Ximénès arriva avec ses autres fils. Quelle scène !...... « Grâce, mon père, grâce ! » J'ai mérité le châtiment qui m'attend ; votre pardon, et » je mourrai content ! Mais ma femme ! mais mon enfant ! » (il ignorait la mort de ce dernier). — Et le père, les yeux pleins de larmes, releva son fils coupable qui était tombé à ses genoux, et le reçut repentant dans ses bras. Mon fils, dit alors ce vieillard désolé : « A Dieu seul tu dois

» demander ton pardon, car ton père t'a déjà pardonné ! » — Les frères, mes amis et moi, ne pouvions retenir nos larmes, et les prisonniers eux-mêmes laissaient éclater leurs sanglots. Pour que cette scène n'eût pas autant de témoins, je fis entrer le père Ximénès et ses fils dans ma chambre.

Pour faire quelque trève à cette scène si attendrissante, je m'approchai des autres prisonniers. Le lieutenant pleurait beaucoup. Vous croyez peut-être, me dit-il, que Ximénès est le seul qui se batte contre ses parents : j'ai un frère aumônier dans un de vos bataillons ; mais, maître d'école à Villafranca, je n'ai pas voulu perdre ma place. Je m'apitoyai sur lui, et tâchai de lui donner un espoir qu'il repoussait : « Nous avons fait trop de mal pour » que nous soyons pardonnés. » Il avait raison, car Ximénès et sa troupe étaient l'effroi des villages de la Ribera.

Ximénès resta à peu près pendant une heure et demie avec son fils ; au bout de ce temps ils sortirent. Le père paraissait soulagé ; son fils lui donnait le bras et les frères suivaient. « Bon soir, Alejos, » me dirent-ils. Le père Ximénès ajouta, en me montrant à son fils : « Vous » êtes mon ami....... Je reviendrai cette nuit. »

Fatigué, je m'étendis sur un matelas placé sur le seuil de la porte de la chambre ; bientôt je m'endormis ; mais mon sommeil fut troublé par mille songes. C'était tantôt la femme de Ximénès qui m'apparaissait couverte de sang, et tantôt c'était son père et lui au milieu des flammes. L'infortuné père revint voir son fils, mais je dormais. — Le lendemain de bonne heure, le Roi et le général se mirent en route, avec l'armée, pour Sanguesa, et nous passâmes par Caparoso, où nous brulâmes une caserne. Le Roi, dans tous les villages où nous passions, était reçu au son des cloches par les habitants, qui accouraient tout affamés de voir Sa Majesté. — Arrivés à Sanguesa, mon service étant fini, la 4me. compagnie de guides vint me relever. Pendant la marche que nous avions faite, les fils Ximénès étoient venus se placer à côté de leur frère. Je n'osais point les interrompre dans leur triste conversation. Seulement, arrivé à Sanguesa, avant de quitter le commandant, je lui promis de venir le voir, et je tins parole. De Sanguesa, l'armée se dirigea sur Lumbier et Agoiz. Les prisonniers vinrent dans cette dernière ville avec le bataillon des guides. J'allai les voir; mais, à peine arrivé, le capitaine de service reçut l'ordre de les fusiller. Je n'eus pas la force de leur faire mes adieux, et m'éloignai au plutôt. Je rencontrai à la porte les prêtres qui venaient les confesser, et quatre heures après ils étaient fusillés.

Le commandant et son lieutenant marchèrent courageusement à la mort, après avoir reçu les secours de la religion. Ximénès, en mourant, recommanda son ame à Dieu, sa femme au Roi, et demanda pardon du mauvais exemple qu'il avait donné. Le jour avant l'exécution, on avait retenu le père Ximénès et ses autres fils à Lumbier.

Depuis quelque temps, je ne voyais plus le père Ximénès; je n'osais pas en demander des nouvelles à ses enfants. Le capitaine Morionès, que je rencontrai, me dit: « Le pauvre Ximénès est dangereusement malade, » sa femme est comme mourante et sa belle-fille est » morte depuis quelques jours. » Pauvre femme! Sa prière avait été exaucée ; elle avait été rejoindre son enfant, et peut être son mari.

Les détails de la mort que trouva en Catalogne, un an plus tard, l'infortuné chef de la famille Ximénès, trouvent naturellement ici leur place. La division navarraise, revenant du camp de Tarragone, se trouvait sur la route royale de Tarraga à Saragosse, à demie-lieue de cette dernière ville, lorsque, me promenant dans la rue d'un petit village, je rencontrai mon vieux ami Ximénès, qui faisait partie de l'expédition en qualité de chef de la brigade, commandement qu'on lui avait confié pour l'arracher à la mélancolie qui s'était emparée de son ame depuis la prise de Villafranca. Le voyant triste et rêveur, je l'accostai en lui disant : « Quand oublierons-nous donc » tous nos chagrins ? — Ah ! Alejos, me dit-il, jamais. J'ai » moi même demandé à faire partie de l'expédition de » Catalogne, voulant quitter un moment des lieux dont la » vue me rappelait sans cesse de lugubres souvenirs ; » deux de mes fils sont ici. Eh bien ! le croiriez-vous, je » souffre encore plus ici que là bas. C'est ma femme, ce » sont mes autres enfants. Ah ! il m'est impossible de rester » ici plus long-temps. Aussi, mon parti est pris, le » général a cherché à me détourner de ce projet, mais » enfin il m'a donné la permission, et, avec deux cantiniers, » nous partons demain pour la Navarre. Nous nous » sommes procurés de bons guides, qui ont déjà fait plusieurs » fois cette route, et nous arriverons, avec l'aide de » Dieu, bien portants en Navarre, et sans avoir couru de » grands dangers. » Je cherchai à le dissuader sur sa trop grande sécurité, et lui fis entrevoir tous les dangers qu'il aurait à courir, dangers que je me plaisais à amplifier; mais je ne pus obtenir de lui que des larmes et ces courtes paroles : « Je vous reverrai avant mon départ, » qui n'aura lieu que demain; dans tous les cas, je vous » recommande mes deux fils. » Le lendemain, dimanche, à sept heures du matin, la messe fut, selon l'usage, dite à l'armée; à la communion, je vis approcher Ximénès de la sainte Table ; je ne doutai plus alors que son parti ne fût irrévocablement pris, et les officiers qui étaient à côté de moi se disaient entr'eux : « Pauvre Ximénès, » et tout le monde pria pour lui. Après la messe, je le rejoignis. « Je pars maintenant, » me dit-il. Ses deux fils étaient à ses côtés; après leur avoir recommandé d'avoir espérance en Dieu, il leur donna sa bénédiction, qu'ils reçurent à genoux. Nous pleurions tous, et, pour les laisser plus libres, je me retirai après l'avoir embrassé. Nous nous regardâmes un moment sans articuler une seule parole, tant nous avions le cœur gros; mais nous nous comprîmes, et, la tête tournée, pour dernier adieu nous nous donnâmes une poignée de main. Je fus à mon servive. Le lendemain matin, je vis arriver un des cantiniers qui devait partir avec Ximénès : « Tiens! lui dis» je, tu n'es pas parti hier.— Ah! mon commandant, me » répondit-il, plût à Dieu que nous eussions suivi vos » conseils et que nous fussions restés. — Mais que vous » est-il arrivé? et Ximénès, où est-il?— Il est mort. — » Comment mort?— Oui, à peine, me dit-il, avions-nous » quitté les bataillons, que le guide, ignorant qu'il y eut » une avancée ennemie dans un village où nous entrions,

» ne nous fit prendre aucune précaution. Lorsque nous
» nous sommes trouvés à l'entrée, un détachement a
» fondu sur nous, et, sans crier *qui vive ?* nous a fait une
» décharge qui a fait tomber le père Ximénès, l'autre
» cantinier et notre guide. »

XIV.

Le Roi va dans le Bastan.—Affaire de Mendaza, du 12 décembre.— Mort de l'aîné des frères Barrès du Molard. — Le chevalier d'Amidor périt sur le champ de bataille. — De Torrès commandant du bataillon de guides. — Camps, Vial et Bézard blessés.—Le fils du capitaine Morionès tué. — Fin héroïque d'un volontaire âgé de quinze ans. — Combat de Lumbier entre Eraso et Lorenzo.

Mina, instruit de notre expédition dans la Ribera, donna ordre à Lorenzo et à Oráa de se diriger vers Agoiz et de surprendre les bataillons dans les défilés qu'il pré-présumait devoir être notre route ; mais Zumalacarregui déjoua, comme toujours, tous leurs projets. Le Roi se sépara alors du général, et, à la tête d'un seul bataillon, se rendit dans le Bastan, pour assister aux opérations de Sagastibelza et d'Elio qui, avec le 5e., le 7e. et le 8e. bloquaient Elisondo, vaillamment défendu par le colonel Zugaramurdi. Zumalacarregui vint occuper Arbazuza et les villages environnants, d'où il pouvait facilement observer les mouvements de l'ennemi.

Mina, qui voyait avec le plus violent dépit les succès de Zumalacarregui et des chefs des autres provinces se renouveler, et le mécontentement de son armée s'accroître journellement, prit la résolution ferme de chercher l'occasion de se mesurer encore, par procuration, avec notre général. Pour ce, il donne ordre aux divisions d'Oráa et de Lopez, qui se trouvaient à Lerin, de se joindre à celle de Cordova, en station à Estella. Zumalacarregui, témoin de tous ces mouvements, vint occuper, le 10 décembre, avec une partie de son armée, les villages de la vallée de Berueza. Le bataillon de guides et le 6e. de Navarre étaient à Piedramillera, pendant que les autres occupaient Mendaza, Azarta, Nazar et Sorlada. Quelques bataillons des provinces d'Alava et de Guipuscoa avaient reçu l'ordre de venir se joindre à nous dans ces positions. Tous les préparatifs qui se faisaient présageaient une action peut-être décisive, si nous eussions été vainqueurs. Le 11, les trois divisions ennemies qui venaient d'opérer leur jonction, se dirigeaient sur Los-Arcos. Zumalacarregui, de son côté, sortit de Piedramillera, et concentra toutes ses forces entre Mendaza et Azarta, ne laissant à Mendaza que les guides et le 6e., auxquels se joignit, avant l'action, un bataillon du Guipuscoa. Avec le 1er., 2e., 3e., 4e. et 10e. de Navarre, et deux bataillons alavais et la cavalerie, notre général attendait à Azarta l'armée de Cordova, qui parut le lendemain 12. Elle se forma sur la hauteur de Sorlada, près l'hermitage de San-Grégorio. La division de Lopez, chargée de nous attaquer par la droite, fut tenter le passage près de Nazar, avec la cavalerie et l'artillerie, pendant que deux bataillons furent dirigés sur Piedramillera, dans le but d'occuper les hauteurs qui se trouvaient sur notre gauche. Ce dernier mouvement fut tellement caché, que nous ne nous en aperçûmes que lorsqu'il ne fut plus possible d'en empêcher le succès. Cordova, avec le gros de l'armée, ne tarda point à descendre la montagne, et occupa, sans obstacle, Sorlada, où Zumalacarregui n'avait laissé que quelques cavaliers, avec ordre de se retirer à mesure qu'avancerait l'armée ennemie. Cordova déploya d'abord une longue ligne de tirailleurs marchant en avant des bataillons qui suivaient en ordre de bataille. La cavalerie et l'artillerie n'avaient pas encore achevé leur mouvement et pris leurs positions de combat, lorsque l'intrépide Ituralde, qui avaient sous ses ordres immédiats les bataillons qui étaient à Mendaza, marcha, malgré l'infériorité numérique de ses troupes, à la rencontre de l'ennemi. Quelques compagnies des guides sont envoyées en guérille, et dans le nombre se trouvait la mienne. Au moment où je la faisais déployer, une balle frappa le bout du sabre de mon sous-lieutenant de Barrès : « Touché, dit-il ; mais tant qu'elles passent » ainsi, il n'y a pas de danger. » L'ardeur avec laquelle notre guérille attaqua la ligne de tirailleurs ennemis, la força bientôt à se retirer précipitamment. Quoique bien moins nombreux, nous concevions des espérances de victoire, et nous n'attendions, pour nous porter plus en avant, que les bataillons qui étaient sortis de Azarta et à la tête desquels était Zumalacarregui ; mais les bataillons ennemis qui étaient passés par Piedramillera nous avaient tournés et nous faisaient un feu meurtrier. Dès cet instant nous dûmes battre en retraite par la droite. Ituralde avait envoyé le 6e. bataillon pour s'emparer de la hauteur au-dessus de Mendaza ; mais, mal guidé, il trouva, en arrivant, cette importante position au pouvoir de l'ennemi ; et le brave Pablo-Sanz eut la plus grande peine à tirer son bataillon de la critique position dans laquelle ce mouvement l'avait placé. Zumalacarregui ne tarda pas à s'apercevoir que, sans un prompt secours, nous devions ou périr, ou tomber entre les mains de l'ennemi. Alors il fit presser le pas à son armée et se porta sur celle de Cordova, qui bientôt à son tour battit en retraite et perdit le terrain qu'il avait gagné ; mais l'arrivée sur le champ de bataille de la division de Lopez, qui aurait pu nous couper la retraite en nous prenant par derrière et par le flanc droit, obligea Zumalacarregui à ne pas prolonger une lutte aussi inégale, et à battre en retraite sur Zuniga. L'ennemi ne nous poursuivit pas au-delà de Azarta. Dans cette retraite, Charles de Barrès, dont j'ai parlé plus haut, reçut une balle qui lui traversa la tête et qui ne lui laissa que le temps de dire : « Ami, je suis mort. » Paroles dont je conserverai toujours le souvenir, parce que ce sont les dernières paroles d'un brave et d'un ami. Mon domestique, qui était vendéen, le chargea sur ses épaules ; mais, vivement poursuivis par l'ennemi, nous ne pûmes soustraire son corps aux outrages des christinos. Cette journée fut un jour de deuil pour les Français qui se trouvaient dans l'armée. Nous eûmes, outre la perte de l'infortuné Barrès, à déplorer celle du chef d'escadron d'Amidor, chevalier de Saint-Louis et démissionnaire depuis 1830, qui, malgré son âge avancé, était venu défendre la cause de la légitimité espagnole. Entouré seul par plusieurs lanciers ennemis, il soutint en héros cette inégale lutte; mais, son cheval ayant été tué, il tomba, le corps criblé de blessures, sur cinq cadavres qu'il avait abattus à ses pieds. Le chevalier d'Amidor était veuf et n'avait qu'une fille unique, religieuse dans le couvent de Notre-Dame-de-Lorette, à Mont-de-Marsan.

L'action de Mendaza, tant prônée par les christinos, coûta à ces derniers plus qu'à nous. Nos pertes furent grandes sans doute, mais elles ne dépassèrent pas, en tués et blessés, 300 hommes, parmi lesquels se trouvaient une vingtaine d'officiers. Le bataillon de guides eut à supporter de grandes pertes qui auraient été plus grandes encore sans la présence du vaillant et intrépide Torrès qui en était le commandant.

Dans ce bataillon seul, trois capitaines furent blessés : Camps, Vial et Bezard (français), et il y eut six lieutenants ou sous-lieutenants tués. Le fils du capitaine Morionès, de Villafranca, lieutenant dans la première compagnie, fut du nombre des morts.

Un enfant, cornette dans ma compagnie, blessé mortellement au commencement de cette action, périt sur le champ de bataille. Le lecteur accueillera, je crois, avec intérêt, quelques détails sur ce jeune militaire de quinze ans. Il s'était présenté un an auparavant à Zumacarregui pour servir comme volontaire dans un bataillon. Le général le voyant si jeune, et surtout si chétif, le loua beaucoup sur ses bonnes dispositions, mais le plaisanta sur sa petite taille, et lui promit, en le renvoyant, de le recevoir lorsqu'il serait plus grand. Cet enfant, piqué au vif, se présenta au général christino qui, moins difficile, l'accepta et l'envoya comme apprenti cornette dans un régiment. Il était devenu, par un service de six mois, assez fort pour être cornette dans une compagnie de chasseurs ; alors il déserte, et, en grand uniforme, le sac au dos et une cornette toute neuve à la main, il se présente fièrement au général, à qui il rappelle sa promesse, et voulant lui prouver qu'il n'avait pas perdu son temps, il embouche sa trompette et sonne la charge. Zumalacarregui lui donna deux pièces de cinq francs et l'envoya dans ma compagnie.

Dans toutes les actions il était le premier au feu, et plusieurs fois je l'ai vu, placé à peu de distance de l'ennemi, lui jouer par dérision le *fandango*.

Blessé mortellement au commencement de cette action, il était emporté par un soldat qui, blessé à son tour, fut obligé de l'abandonner pour s'échapper lui-même. Lorsque nous nous retirions, vivement poursuivis par l'ennemi, nous le rencontrâmes expirant au milieu d'un champ. Me voyant passer, il lève la tête, et me crie : *Viva Carlos V y la Religion!* Il recommandait son ame à Dieu, et priait la Sainte Vierge d'obtenir de son fils la rémission de ses *pecadillos* (petits péchés). Avec ses deux mains il découvrait sa poitrine, et réclamait avec instance de ses compagnons une mort prompte pour se soustraire aux cruelles tortures que faisaient communément subir les christínos à ceux de nos blessés qui tombaient dans leurs mains.

Pendant que l'action de Mendaza avait lieu, Lorenzo

était aux prises, sur les frontières de l'Aragon, avec Eraso qui, en présence des secours majeurs que reçut Lorenzo pendant l'action, dut quitter le champ de bataille et se retirer à Lumbier, où l'ennemi n'osa pas venir l'attaquer.

XV.

Bulletins mensongers de Cordova et de Mina. — Première affaire du pont d'Arquijas. — Héroïque défense de ce pont. — Retraite de Cordova. — Défaite d'Oráa. — Force respective des troupes dans cette action. — Blessure et mort du capitaine Bézard. — Le Roi établit son quartier royal à Aranarache, et le général son quartier général à Eulate. — Formation de deux nouveaux bataillons, 1er. et 2me. de Castille. — Les deux frères O'Donnel. — Mésintelligence entre Mina et Cordova.

Dans un bulletin pompeux et emphatique, Cordova rendit un compte curieux de la journée du 12. Nous avions laissé sur le champ de bataille plus de 600 morts, et emporté, je ne sais trop par quel moyen, plus de 1,500 blessés. Evidemment c'en était fait de la faction dont les débris allaient errants à l'aventure dans les montagnes, et néanmoins, pendant toute la durée de son séjour dans la vallée de Berueza, il n'entreprit jamais de nous forcer dans les positions que nous occupions à Zuniga, seulement à une demi-lieue de lui.

Nanti de ce curieux bulletin, Mina dut en faire un à son tour, et, comme on le comprend, lui, général en chef, devait renchérir sur son capitaine. En conséquence, il fait mordre la poussière à 4,000 carlistes, dans les affaires de Lumbier et Mendaza. Évidemment Mina ne pouvait pas s'arrêter en si bonne route, et on doit lui pardonner d'avoir fait le prophète. « Zumalacarregui, » disait-il, n'a plus avec lui dans les montagnes que » quelques misérables, que la faim détruira. » Quand au prétendant, il devait, dans ce moment, s'être réembarqué pour l'Angleterre.

La lecture de ce bulletin, envoyé à Madrid, fut accueillie à la chambre des procuradores par les applaudissements universels de la patriotique assemblée. Mina fut proclamé le libérateur, pour ne pas dire le sauveur de la patrie, et l'on était grandement en train de lui voter de solennelles actions de grâce, lorsque le comte de Las-Navas fut contraint de retirer sa proposition, par la nouvelle qui lui parvint que ce même Zumalacarregui, qui était errant et abandonné, venait de battre Mina, ou plutôt Cordova, au mémorable pont d'Arquijas.

Cordova, à qui une cruelle expérience avait appris que le terrain qu'il enlevait un jour à Zumalacarregui, au prix des plus grands sacrifices, lui devenait inutile le lendemain, cessait de nous poursuivre. Pendant qu'il était occupé à faire réparer ses armes dans la vallée, et au moment où il venait d'expédier pour Logrono les 400 blessés qu'il avait eus dans l'action du 12, il reçut de Mina, si paisible dans Pampelune, l'ordre de poursuivre Zumalacarregui, et de l'attaquer dans la première position où il le trouverait. Cordova sentit certainement ce qu'il y avait de critique dans l'exécution de l'ordre qu'il recevait, mais il dut prendre ses mesures. Il réunit donc toute son armée, et se mit en marche pour attaquer Zumalacarregui dans sa position de Zuniga. Cette attaque de front était soutenue sur la droite par la division d'Oráa, qui s'avançait vers le pont d'Acedo, par la vallée de Gastrain, et qui devait déboucher d'Urbizu, et par ce moyen nous couper la retraite; et sur la gauche par Gurrea, commandant huit cents hommes, auxquels ne tardèrent point à se joindre les carabiniers, qui avaient escorté les blessés à Logrono. Cette dernière division devait s'emparer de la hauteur qui domine Santa-Cruz-de-Campezu, appelée le *Port de l'Escalier,* à cause de son extrême rapidité.

Cordova, arrivé avec le gros de son armée à l'hermitage d'Arquijas, au bas duquel est le pont qui porte ce nom, fit faire halte à ses avant-gardes pour réunir toutes ses troupes. Le pont d'Arquijas peut avoir dix pas de long sur trois de large, et l'Ega, dont il facilite le passage, n'a pas plus d'un pied d'eau dans sa plus grande profondeur.

Après avoir fait prendre à son artillerie position sur le plateau de l'hermitage, et avoir commencé un feu nourri, auquel nous ne répondions que par les cris de *viva Carlos quinto !* Cordova déploya sur sa droite et sur sa gauche des lignes de tirailleurs, et, sous la protection de leur feu, fit avancer sa colonne vers le pont. Nous dûmes, d'après les ordres de Zumalacarregui, attendre, pour commencer l'attaque, qu'une partie de l'armée de

Cordova eut franchi la rivière. L'impatience de voler au combat allait croissant dans nos rangs, lorsqu'à la voix de leurs chefs, le bataillon de guides, le 1er. et le 4e. de Navarre chargent avec impétuosité ceux qui déjà avaient dépassé la rivière. Le désordre qui s'est mis dans leurs rangs les fait arriver en foule à l'étroit passage du pont, obstrué bientôt par les nombreux cadavres que nos balles y entassent. La colonne tout entière de Cordova est dans une complète déroute et court se reformer sur l'hermitage, protégée dans cette position par sa formidable artillerie. Les shakos nombreux laissés par les christinos sur la route témoignent assez de la précipitation de leur fuite. Cordova voulut tenter une seconde attaque, mais tous ses efforts et ceux de ses officiers échouèrent devant l'obstination que mirent ses soldats à ne pas se rapprocher de nous. Le général christino dut dès-lors battre en retraite, ce qu'il fit vers Los-Arcos, emportant avec lui ses nombreux blessés, et abandonnant Oráa, qui, aussi malheureux que lui, s'était laissé battre par Villaréal et Ituralde, et, si rudement, qu'il ne dut de ne point perdre sa division entière qu'aux ténèbres de la nuit, qui lui permirent de gagner, par une marche rétrograde, Zuniga et le pont d'Arquijas, qu'heureusement pour lui Zumalacarregui avait abandonné après la retraite de Cordova. Oráa, qui ne séjourna point à Zuniga, rejoignit à Los-Arcos Cordova, qu'il accusa hautement de trahison pour l'avoir ainsi abandonné.

Dans cette action, comme dans celle de Mendaza, l'ennemi comptait 14,000 hommes d'infanterie, une nombreuse artillerie et au moins 1,000 chevaux, tandis que Zumalacarregui ne commandait qu'à 8,000 hommes et 400 chevaux, et n'avait pas d'artillerie. Nos pertes ne furent point importantes, et cependant les Français ont eu à placer dans le nombre des victimes de cette glorieuse défense un de leurs compatriotes ; c'est le capitaine Bézard qui, au moment où il s'avançait à la tête de sa compagnie pour forcer le passage du pont, reçut une balle qui lui fracassa la cuisse gauche, blessure dont il mourut quelques jours après à l'hôpital de Narcuès, en chrétien et en vrai soldat de Charles V. Nous n'avions rien négligé pour l'empêcher de prendre part à cette action, à cause de la blessure qu'il avait reçue trois jours avant, et qui l'empêchait presque de marcher ; mais lui, n'écoutant que sa bravoure et son dévouement, s'obstina à ne pas suivre notre conseil. Bézard, capitaine d'infanterie, quitta, en 1830, le service de France, pour ne pas prêter un serment qui répugnait à sa conscience.

Dans cette action, les Navarrais et les Alavais firent de vrais prodiges de valeur. Ceux qui me paraissent avoir le plus contribué aux succès de cette glorieuse journée, sont les commandants du bataillon de guides, ceux du 1er. et du 4e. de Navarre, et le capitaine Pradelles, commandant la compagnie de chasseurs du 4e.

Survinrent alors des pluies abondantes, qui ne permirent point à Zumalacarregui de continuer sans délai ses opérations, trêve forcée dont cet habile général profita pour procurer, dans les Amescuas, un peu de repos à ses troupes, et en même temps accroître son armée et en perfectionner l'organisation. Il établit son quartier général à Eulate, et distribua les bataillons qu'il ne garda pas avec lui dans les villages environnants, tels que Contrasta, Ecala et San-Martin. Le roi se rapprocha alors de Zumalacarregui, et vint établir son quartier royal à Aranarache. Pendant ce séjour dans les Amescuas, le général forma, sous le nom de 1er. et 2me. de Castille, deux nouveaux bataillons, composés en majeure partie des prisonniers qui avaient obtenu du service dans l'armée de Sa Majesté. Le premier, immédiatement armé, fut confié au commandement de Juan O'Donnel, qui avait réussi à se soustraire aux filets de la vigilante police de France. Son frère Charles, arrivé avec lui, reçut le commandement de la cavalerie.

L'on ne tarda point à connaître à Madrid l'exacte vérité sur les victoires éclatantes de Mina, et dès-lors on s'aperçut qu'il n'était ni plus puissant, ni plus heureux que ses nombreux prédécesseurs. Son nom perdit un peu de sa puissance, surtout auprès de ceux qui avaient en lui fondé toutes leurs espérances. Il s'aperçut lui-même que sa réputation était notablement en baisse. Pour donner le change à l'opinion publique, il travailla à faire tomber dans la disgrâce de la cour et de son gouvernement ce Cordova, coupable du crime de n'avoir pas vaincu pour lui, qui menait à Pampelune une vie de pacha.

Nous voyons Mina comptant déjà plus de défaites que ses prédécesseurs, et les événements postérieurs nous le montreront, les surpassant encore en barbarie et en cruauté.

XVI.

Zumalacarregui se dirige vers le Guipuscoa. — Halte sur les ruines du couvent d'Aranzazu. — Affaire d'Ormaistegui. — Déroute de l'ennemi. — Expédition de nuit confiée à Lacour.—Seconde affaire à Ormaistegui.—Valeur, triomphe et blessure de Zumalacarregui. — Zumalacarregui revient en Navarre. — Action avec Oráa, entre Santa-Cruz et Urbizu. — Zumalacarregui se replie en bon ordre sur Contrasta.

Zumalacarregui épiait toutes les occasions d'en venir aux mains avec les colonnes ennemies; mais celles-ci ne se hasardaient plus à parcourir isolément le pays. Dans ces entrefaites, le général apprit que Jaurregui et Iriarte avaient réuni leurs divisions à Villafranca-de-Guipuscoa et à Tolosa, dans le but de surprendre les bataillons guipuscoanos qui interceptaient toutes les communications des villes avec les campagnes, et rendaient impossible le ravitaillement des nombreuses casernes fortifiées, encore existantes dans cette province.

Il fut alors arrêté qu'on marcherait vers le Guipuscoa. Le premier janvier nous prîmes la route d'Oñate, ayant à notre tête Zumalacarregui qui voulut, en nous faisant passer par la route d'Aranzazu, ménager une halte sur les ruines même du célèbre et superbe couvent que Rodil avait fait incendier. Jamais halte n'avait été aussi triste; tous les yeux se promenaient lentement sur ces murailles noircies, et les soldats, le fusil entre les deux jambes et la tête entre les deux mains, furent long-temps sans échanger une seule parole. Ce silence expressif fit enfin place à une explosion générale d'indignation. Ils se promirent une éclatante vengeance dont l'occasion ne tarda pas à leur être offerte contre ceux mêmes qui avaient exécuté les ordres de l'incendiaire Rodil.

Après une heure de repos, nous nous remîmes en marche pour Villaréal-de-Zumara où nous couchâmes. Le lendemain la présence inattendue de l'ennemi nous fit revenir sur nos pas jusques à Ormaistegui, où Zumalacarregui nous fit prendre position, sur la hauteur dominant la route de cette ville à Ségura. Notre général ne voulait faire sur cette hauteur qu'un simulacre de résistance, afin d'attirer l'ennemi dans le vallon où se trouve Ségura, et où il avait pris position avec les bataillons, n'ayant laissé sur la hauteur que le bataillon de guides de Navarre et un de Guipuscoa. La division ennemie composée de *chapel-gorris* ou peseteros, de carabiniers et du régiment de Sinçilla, nous attaqua avec une vigueur à laquelle les christinos ne nous avaient point accoutumés. Nous ne répondîmes à leur feu que par une seule décharge faite à quelques pas et suivie d'une charge à la baïonnette. Quoique cinq contre un, les ennemis se retirèrent dans le plus grand désordre jusques à Ormaistegui, toujours poursuivis la baïonnette dans les reins. Le 6e. de Navarre, placé à notre droite, repoussait et dispersait également par une charge à la baïonnette, le régiment de San-Fernando. Nous ne fîmes pas un seul prisonnier dans cette action, car il n'était encore fait aucun quartier aux peseteros et aux carabiniers. Le commandant, plusieurs officiers et environ 150 soldats du corps de peseteros, restèrent sur le champ de bataille. Notre perte fut insignifiante, si l'on en excepte la mort du capitaine de la première de guides; en lui l'armée perdit un brave et moi un ami. Je reçus dans cette affaire une balle à l'épaule, mais cette blessure, qui n'avait que déchiré les chairs, ne m'obligea point de suspendre mon service.

L'ennemi se reforma à Ormaistegui, et se mit en mesure d'y passer la nuit; mais Zumalacarregui se proposait de troubler son repos; à cette fin il confia au lieutenant Lacour le commandement de quarante hommes. Lacour s'acquitta de sa mission d'abord avec sa bravoure ordinaire, et ensuite avec un succès surprenant, puisqu'il tua une quarantaine de christinos autour des feux qu'ils avaient allumés.

Voici les détails que m'a fournis Lacour lui-même sur les circonstances plaisantes de cette surprise. C'est lui qui parle :

« Zumalacarregui me fit appeler, me donna quarante
» soldats, deux bons guides, et me dit : allez em-
» pêcher ces braves gens de dormir; je me mis donc en
» route, et, par des chemins détournés, j'arrivai à une cin-

» quantaine de pas du village, sans qu'on eût le moindre
» vent de mon mouvement. De grands feux avaient été
» allumés dans tous les coins des rues, et les christinos,
» en cercle autour de ces feux, se chauffaient. Quelques-
» uns regardaient bouillir les marmites de soupe, pen-
» dant que d'autres dormaient le dos tourné au feu ou le
» ventre en l'air. Je divisai mes soldats par détachement
» de cinq, et à chaque détachement je désignai un feu.
» Au signal convenu, une décharge générale fut faite.
» Vous dire tout ce qu'avait de curieux le désordre que
» nos coups produisirent est impossible. Les cris des
» fuyards se mêlaient à ceux des blessés et probablement
» force leur fut de renvoyer leur repas au lendemain,
» car, par prudence, les officiers renversèrent les marmites
» pour éteindre les feux. Je ne les tins pas quitte pour
» une première décharge, car, pendant une heure, nous
» leur envoyâmes des balles; mais voyant qu'il s'étaient
» tous abrités derrière les maisons, je me retirai bien
» autorisé à rire, car pas un de mes soldats n'avait
» reçu la plus légère égratignure. »

Le lendemain, nous nous attendions à voir reparaître l'ennemi que nous supposions disposé à tirer vengeance de la cruelle leçon que nous lui avions donnée, et nous ne l'attendîmes point en vain; car il ne tarda pas à se montrer sur les hauteurs, où il établit ses batteries et développa derrière d'interminables lignes de tirailleurs. Alors commença contre nous un feu nourri d'artillerie et de mousqueterie auquel nous n'avions pas à répondre, vu que la distance qui nous séparait était telle, que les boulets n'arrivaient pas jusqu'à nous. Nous contemplions en riant ces singulières manœuvres, lorsque les généraux christinos, satisfaits sans doute de nous avoir vu les attendre de pied ferme, firent retirer leur artillerie et commencèrent un mouvement de retraite que nous devions croire simulé. Cependant Zumalacarregui, à la tête seulement de deux compagnies de Guipuscoa et d'un faible détachement de lanciers, marcha à leur poursuite, soutenu par les bataillons qui le suivaient immédiatement. L'ennemi, bientôt rejoint et complètement dispersé à Ormaistegui, fut poursuivi jusques aux portes de Villafranca, et avec tant de vigueur, qu'il ne lui fut jamais possible de se former, même dans les positions les plus favorables.

Zumalacarregui qui chargeait à la tête de ses braves, faillit payer chèrement sa victoire : il reçut une balle dans le bras, ce qui ne l'empêcha pas de poursuivre long-temps encore l'ennemi. La victoire d'Ormaistegui est sans doute celle qui a souri le plus délicieusement au cœur de l'illustre général, car il combattait dans le lieu qui l'avait vu naître.

Dans cette action, Enningsen se fit encore remarquer par sa bravoure. Soldat distingué dans l'escorte à cheval de Zumalacarregui, il fut promu au grade de sous-lieutenant et reçut la croix de Saint-Ferdinand de première classe.

Après ces deux actions, Zumalacarregui revint en Navarre, et, à la tête seulement du bataillon de guides, du 1er. de Navare et de quelques compagnies d'Alavais, il vint offrir la revanche à Oráa, parti de Los-Arcos avec une colonne de 6,000 hommes, pour secourir la garnison de Maestu, serrée de près par Villaréal. La rencontre eut lieu sur la hauteur qui se trouve entre Santa-Cruz et Urbizu. Le passage fut vigoureusement disputé à l'ennemi ; mais Zumalacarregui, qui ne voyait point arriver les bataillons qui avaient reçu ordre de le joindre, dut renoncer à une lutte aussi inégale, et abandonner le terrain, qui fut néanmoins disputé pied à pied. Les pertes de l'ennemi, dont les masses recevaient nos balles, furent grandes, et, dans cette affaire insignifiante par elle-même, nous eûmes à regretter plus d'officiers que de soldats. Nous étions à si petites distances, que l'on pouvait sûrement viser son homme. Dans cette action, je perdis mon lieutenant, appelé Garcia. L'ennemi compta, dans le nombre des morts, un colonel de la garde royale, et, dans celui des blessés, un colonel anglais qui appartenait, je crois, à l'état-major de Cordova. Il mourut quelques jours après de ses blessures.

Zumalacarregui se replia sur Contrasta, à l'entrée des Amescuas. L'ennemi, peu désireux de nous poursuivre, continua sa marche sur Maestu. Débloquée un instant par la présence de la colonne d'Oráa, cette place ne tarda pas à être bloquée de nouveau par Villaréal ; mais alors les privations qu'elle eut à supporter nécessitèrent l'abandon de cette position, qu'il importait grandement aux christinos de conserver.

XVII.

Fabriques d'armes et de poudre. — Position embarrassante de Mina. — Second combat au pont d'Arquijas. — Les colonnes ennemies sont repoussées. — Bonté généreuse du roi. — Narcuès. — Mon arrivée en France.

ZUMALACARREGUI n'était plus, aux yeux des christinos, ce chef de brigands des montagnes fuyant à leur approche ; les brillantes victoires qu'il avait remportées leur avaient appris à le craindre et à le regarder comme le maître de leurs chefs. Libre possesseur de tout l'intérieur de la Navarre, il avait établi dans les Amescuas des magasins et des fabriques d'armes et de poudre. De la manufacture d'armes du village d'Ecala, il sortait des fusils qui le disputaient en solidité et en bonté avec ceux d'Eibar et des autres fabriques d'Espagne ; et la bonne qualité de la poudre fabriquée dans les montagnes, rendait moins nécessaires, et dès-lors plus rares, les envois de France. Alors chaque soldat avait habituellement trente cartouches dans sa *canana*, et rarement les munitions manquaient sur le champ de bataille, tandis que trois ou quatre mois auparavant chaque soldat ne portait, dans une action, jamais plus de trois ou quatre cartouches.

Mina qui n'ignorait pas les succès croissants de Zumalacarregui et les progrès de son armée, ne savait trop où donner de la tête. Les garnisons du Bastan étaient étroitement bloquées par les vaillants Sagastibelza et Ellio; Eraso remportait des avantages en Biscaye ; Villaréal ne laissait pas un moment de repos aux garnisons de l'Alava, qui manquaient entièrement de vivres. Les guipuscoanos battaient les ennemis partout où ils les trouvaient. Dans ces entrefaites, Lorenzo, jaloux de Cordova, demanda à Mina de marcher contre Zumalacarregui, lui garantissant une victoire complète. Après avoir obtenu ce qu'il demandait, il fit venir toutes les troupes disponibles et se dirigea vers Los-Arcos où se trouvèrent réunies, à cinq heures du matin, avec sa division, celles d'Oráa, Gurrea et Lopez. Zumalacarregui occupait les mêmes positions que le 12 décembre dernier, et il avait également conçu le projet d'attendre l'ennemi dans la plaine de Berueza; mais le 4e., le 6e. et le 10e. bataillon de Navarre qui opéraient dans le Guipuscoa, n'arrivant pas malgré les ordres qu'on leur avaient expédiés, mais qui ne purent arriver assez tôt, Zumalacarregui dut renoncer au projet de défendre les positions d'Azarta, et vint occuper celles d'Arquijas.

Il était environ midi, lorsque Lorenzo, peut-être déjà sûr de la victoire qu'il avait trop lestement promise, se confiant dans le nombre de ses troupes, se présenta, comme le dit Zumalacarregui dans son rapport, marchant en seize colonnes, composées d'autant de bataillons, ce qui avec 400 chevaux couvrait toute la plaine de Mendaza et d'Azarta. Six de nos bataillons partirent alors pour occuper les hauteurs d'Arquijas dans la direction de Zuniga ; mais notre général resta avec deux compagnies de guides, la 1re. et la 3e., pour reconnaître le champ de bataille et être témoin des manœuvres des colonnes de Lorenzo.

L'ennemi, marchant en ordre de combat, s'approcha des positions d'Azarta ; mais aussitôt qu'il se fût assuré qu'elles étaient abandonnées, il s'avança, appuyé par sa cavalerie, jusques aux hauteurs d'Arquijas. Lorenzo croyait sans doute qu'en marchant rapidement et attaquant à l'improviste, il pourrait, sans grande difficulté, passer le mémorable pont ; mais il se trompa, car il fut moins heureux encore que ne l'avait été Cordova lui-même. Zumalacarregui, témoin de la direction que prenait l'ennemi, descendit vers le pont et plaça les compagnies de guides, le 1er., le 3e. de Navarre et le 2e. de Guipuscoa, en position à droite et à gauche. « Je vous » défends, nous dit-il, de tirer un coup de fusil avant » que l'ennemi ne soit tout-à-fait au pont. » Pendant ces préparatifs, le 4e., le 6e. et le 10e bataillon de Navarre, si ardemment desirés, étant arrivés, Zumalacarregui fit occuper le second point sans toucher aux autres forces disponibles qui se composaient du 1er. bataillon de Castille, du 1er. et du 2e. d'Alava, qui furent placés, avec le régiment de lanciers de Navarre et l'escadron d'Alava, sur le chemin de Zuniga à Santa-Cruz-de-Campezu, pour couvrir notre flanc droit ; en même temps le pont d'Azedo, sur notre gauche, était défendu par le 2e. de Navarre.

Ces dispositions étaient à peine prises, que l'ennemi se présenta, à deux heures du soir, sur l'hermitage d'Arquijas dont le plateau fut de suite occupé par sa nombreuse artillerie, qui ne tarda pas à faire pleuvoir une grêle de boulets et d'obus sur les positions que nous occupions. Protégés par cette pluie de boulets, mitrailles et grenades, quelques-uns des plus hardis voulurent forcer le passage du pont, mais tous leurs efforts échouèrent devant la résistance qu'ils rencontrèrent, et bon nombre d'eux payèrent de la vie leur audacieuse témérité. La mort des premiers arrêta l'ardeur des autres qui prirent la fuite dans le plus grand désordre. Le feu de l'artillerie cessa; mais à sa place celui de la mousqueterie augmenta. Lorenzo, tentant une seconde fois ce difficile passage, fit avancer les masses, mais elles durent aussi se retirer dans le plus complet désordre. Me trouvant à gauche du pont à la seconde tentative, je reçus une balle qui se fit un passage entre les deux os de la jambe gauche; deux soldats me prirent aussitôt, et après avoir laissé ma compagnie au lieutenant, je fus porté à Zuniga, où Zumalacarregui me fit donner un de ses chevaux, et de là je fus conduit à San-Vicente de Aranas. Lorenzo se maintint le restant de la journée, et pendant toute la nuit, sur la hauteur; et Zumalacarregui resta maître du pont qu'il fit abattre pendant la nuit. Quoique totalement étranger au résultat de cette action, je crois devoir ajouter quelques détails le concernant, que j'emprunte au rapport du général.

Au point du jour, on vit l'ennemi conservant ses positions d'Arquijas, et son inaction donnait à penser qu'il se désistait de son entreprise. En même temps, on donnait avis au général qu'une des colonnes christines qui était à Santa-Cruz, vigoureusement repoussée la veille par Villaréal, au moment où elle espérait pouvoir mettre entre deux feux Zumalacarregui au pont d'Arquijas, se maintenait dans ses positions sans oser accepter le combat, qu'on lui avait offert par de nombreuses reconnaissances poussées jusques aux portes de la ville. Zumalacarregui fit alors marcher sur Santa-Cruz le 3e. de Navarre et la cavalerie; mais, observant que les ennemis se retiraient d'Arquijas, il fit occuper sur-le-champ les positions qu'ils abandonnaient par quelques compagnies. Comme il croyait que Lorenzo se retirait sur Los-Arcos, espérant de plus pouvoir couper le chemin à la colonne de Santa-Cruz avant qu'elle pût faire sa jonction, il passa le pont à la tête de quelques bataillons. Instruit que l'ennemi prenait la route du pont d'Otenano, vu d'ailleurs qu'il était déjà tard, il fit cesser le mouvement, et n'envoya que quelques compagnies du 4e bataillon, chargées d'inquiéter son arrière-garde, qui firent prisonniers quelques traînards. La colonne de Santa-Cruz ayant connaissance du mouvement que faisait Lorenzo pour la délivrer, battit aussi en retraite, et ces deux divisions opérèrent leur jonction au port de Genevilla. Depuis cette mémorable action, les christinos évitèrent avec soin toute rencontre dans un lieu auquel se rattachaient des souvenirs si amers pour eux. Notre perte fut loin de s'élever à la grandeur de celle de l'ennemi, car elle consista en une centaine de morts ou blessés. Parmi ces derniers était Taux, commandant, et cinq ou six autres officiers.

Je crois devoir revenir à ma blessure, parce qu'il s'y rattache un des traits de bonté si communs du Roi, qui s'était trouvé présent à cette action. Ce valeureux monarque était tantôt à Zuniga, pour encourager par sa présence les soldats, tantôt avec la division de Villaréal, qui battait aussi de son côté la forte colonne que Lorenzo avait envoyée par Sania-Cruz. La nuit étant venue, Sa Majesté se retira à San-Vicente, où étaient dirigés tous les blessés. A mesure qu'ils arrivaient, Charles V, dont les traits exprimaient la plus profonde tristesse, s'enquérait de chacun, et à chaque soldat il faisait remettre dix francs; les officiers recevaient soixante francs. Comme sa munificence ne se bornait pas à ce premier secours, il faisait prendre le nom de tous les blessés et de leur famille. Au moment où j'arrivai, le Roi dit aux personnes qui l'entouraient : « Quel est cet officier ?— C'est le lieu» tenant-colonel Sabatier, lui répondit un de ses aides» de-camp. —Encore un Français! ajouta Sa Majesté, ils » sont bien malheureux dans cette guerre, car déjà plus » de la moitié de ces braves ont payé de leur vie leur » dévouement à ma cause. » J'entrai dans le logement qui me fut désigné; le Roi m'envoya aussitôt son chirurgien, et me fit remettre, par un de ses gentilshommes, le secours ordinaire, qui, quoique bien minime en apparence, n'en était pas moins un sacrifice immense pour le Roi. Plus tard, Son Excellence Monseigneur le comte de Villemur, ministre de la guerre, vint avec un gentilhomme du Roi, le colonel Téjéiro, m'offrir ses services personnels, et s'informer, de la part du Roi, des besoins que je pouvais avoir. Le lendemain, 6, je fus mis sur un brancard et porté par quatre paysans ; j'arrivai à l'hôpital de Narcuès. Quelques amis vinrent à ma rencontre, les uns avec des béquilles, les autres le bras en écharpe. De ce nombre était un capitaine, nommé Camps, qui, d'aussi loin qu'il me vit, me cria : « A ton » tour. » Narcuès est un petit bourg d'une cinquantaine de maisons, situé sur le penchant d'une montagne que mouille l'Ega. Au bas de cette montagne sont les villages de Gastrain et d'Olivary. Dans le premier étaient déposés les blessés et convalescens ; et, dans le second, les fiévreux. Des bois épais couvrent toute la montagne, et sont, lorsqu'une attaque de l'ennemi est à craindre, le refuge des blessés, que les paysans transportent sur des brancards ou sur leurs épaules. Les femmes et les enfants aident à ces émigrations passagères, en donnant le bras ou la main à ceux qui peuvent marcher.

Deux fois dans cette guerre l'ennemi est arrivé jusqu'à Narcuès. Rodil, qui se trouvait un jour avec ses troupes au bas de la montagne, envoya un détachement qui saccagea toutes les maisons et démolit la modeste cabane dont on avait fait un hôpital. Ces barbares assouvirent leur rage sur tous les infortunés blessés qui n'avaient pu être emportés. Cordova, plus tard, voulut aussi y envoyer deux compagnies de la division d'Oráa, au moment de l'affaire d'Arquijas, mais les paysans, dans l'esprit desquels étaient tout vivants les souvenirs récents des horribles cruautés de Rodil, coururent aux armes, et, soutenus par les volontaires en convalescence, firent rétrograder l'ennemi, que la défaite d'Arquijas empêcha de reparaître.

De tout temps, dans les guerres soutenues par les Navarrais, Narcuès a été le lieu de dépôt des blessés; de là le nom de *Vallée des Larmes*, que cette localité porte depuis des siècles.

On m'avait désigné pour logement l'habitation du maître d'école, chez qui je restai 40 jours, sans qu'il me fût possible de faire jusqu'alors le moindre usage de ma jambe. Au bout de ce temps, les médecins me conseillèrent de rentrer en France, pour jouir d'une tranquillité nécessaire à mon entier rétablissement

Le Roi et Zumalacarregui ayant daigné agréer la demande que je leur fis d'un congé illimité, je me fis porter jusqu'à la frontière, que je franchis heureusement, et avec le même bonheur j'arrivai à Bordeaux. A cette dernière particularité de mon voyage se rattachent quelques circonstances que le lecteur voudrait sans doute connaître, mais tout ce qui est bon à faire, n'est pas toujours bon à dire. Sa Majesté daigna, au moment de mon départ, me nommer chevalier de première classe de l'ordre royal et militaire de Saint-Ferdinand.

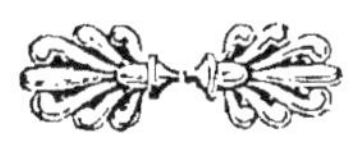

XVIII.

Sagastibelza bat Ocaña dans le Bastan.—Présence de Zumalacarregui dans le Bastan.— Siége et prise de Los-Arcos. — Mina battu par Zumalacarregui. — Cruautés de Mina dans le Bastan. — Massacre des habitants de Lecaroz. — Siége et prise d'Echarri-Aranaz.— Clémence du Roi.—Heureux résultats de la prise d'Echarri-Aranaz. — Action de Laraga.—Blessure du colonel Torrès. — Mort de Raffegeau, français.— Champalbert, français.

QUOIQUE tenu éloigné du théâtre de la guerre par mon séjour à Narcuès et en France, je consignerai ici, mais d'une manière succincte, les événements survenus depuis l'affaire d'Arquijas, où je fus mis hors de combat, jusqu'au jour de ma rentrée en Espagne.

Le froid excessif qui survint après l'action du 5 février, rendit les marches difficiles, et quelquefois même impossibles. Mina, pour faire lever le blocus d'Elisondo, que Sagastibelza tenait étroitement bloqué, envoya, sous le commandement du colonel Ocaña, la brigade de réserve; mais celle-ci, après avoir été défaite et avoir fait une perte considérable en morts ou en prisonniers, avait gagné Ziga, petit village du Bastan, où il s'enferma, mais avec grande peine. Parmi les prisonniers faits à l'ennemi, était le colonel Tapia, commandant un bataillon du 4e. régiment de la garde royale. Sagastibelza bloqua dans ce village les restes de cette colonne; mais comme il n'avait pas assez de troupes pour pouvoir l'attaquer sérieusement et faire marcher en même temps le blocus d'Elisondo, il en donna avis à Zumalacarregui, qui, à marches forcées, se rendit dans le Bastan, à la tète seulement de deux bataillons.

Mina qui, de son côté, s'était mis en marche avec une forte colonne, se trouvait, le 13 février, près d'Elisondo. Zumalacarregui, qui n'était pas en mesure d'empêcher l'entrée du chef christino, fit lever le siége de ces deux places, et revint en Navarre, avec les deux bataillons partis avec lui, attaquer et prendre la caserne de Los-Arcos.

Pour soutenir cette attaque, il n'avait qu'une pièce d'artillerie de 18, surnommée, à cause de sa vétusté, l'*avuelo* (aïeul). Cette pièce avait été déterrée dans les montagnes de la Navarre, où elle avait été enfouie lors de la guerre de l'indépendance.

Dans la nuit du 22 au 23, la garnison de cette place, serrée de près, s'échappa, abandonnant les blessés, qui étaient au nombre de 140, et laissant à notre disposition beaucoup de fusils, une grande quantité de munitions de guerre, d'abondantes provisions de vivres, et plus de 2,000 habits. Le 23, Charles V y fit son entrée au son des cloches et au milieu des acclamations de joie et de bonheur des habitants, tous royalistes, sans en excepter un seul.

Cette prise eut lieu devant les colonnes de Lorenzo et d'Oráa, qui se trouvaient réunis à Lerin et Logrono; mais, contents de la frottée qu'ils avaient reçue au pont d'Arquijas, ces généraux n'osèrent point aventurer un secours.

Une partie de la garnison fut faite prisonnière par la cavalerie que Zumalacarregui envoya à sa poursuite, et le reste en débandade gagna Lerin et Estella. Dans cette attaque, un Français, cadet d'artillerie, nommé Forestier, mourut d'une balle qui l'atteignit au ventre. — Il se rattache, au traitement qui fut fait aux blessés prisonniers, un de ces actes si communs de la clémence royale, dont je me propose de parler ailleurs.

Mina, après un court séjour dans le Bastan, revint à Pampelune, escortant un convoi parti de France, et c'est probablement dans cette ville qu'il apprit la prise de Los-Arcos. A peine était-il parti, que Sagastibelza, à la tête de cinq bataillons, reprit le blocus d'Elisondo, et força Ocaña, que Mina venait de laisser avec une division, à se tenir renfermé dans cette ville. Bientôt les vivres commencèrent à manquer, et Mina, voyant que si de prompts secours n'étaient envoyés dans le Bastan, se figurant peut-être aussi que Zumalacarregui avait refusé le combat parce qu'il avait peur de lui, se décida à y retourner, en passant par la vallée de l'Ulzama. Zumalacarregui, de son côté, partit des Amescuas, attaqua et battit, avec quatre bataillons, Mina, qui cette fois, en personne, commandait sept bataillons. Cette action eut lieu au port Maria. Sans l'approche des colonnes d'Oráa et de celles de Vigo, qui venait d'Aragon, Mina eût été infailliblement pris. Zumalacarregui, satisfait d'avoir battu, non les fondés de pouvoirs de Mina, mais Mina en personne, revint sur ses pas, leva de nouveau le siége d'Elisondo, et, profitant de ce qu'une grande partie des forces ennemies se trouvaient dans le Bastan, mit le siége devant Echarri-Aranaz.

Mina entra le 13 mars à Elisondo; c'est ici que ce féroce proconsul commença à donner un libre essor à son sanguinaire caractère. Que d'horreurs aurait à tracer ma plume, si je voulais achever le tableau des infamies et des cruautés que Mina, dans cette dernière guerre, a attachées à son nom, déjà un nom d'opprobre!

Furieux d'avoir été vaincu par Zumalacarregui, Mina ordonne et fait exécuter une battue générale dans le Bastan. Tous les volontaires blessés ou malades qu'il trouve dans les fermes ou dans les villages, sont impitoyablement massacrés dans leur lit à coups de baïonnette. Les paysans qui ne découvrent pas les blessés qu'ils ont chez eux, sont fusillés, s'ils ne peuvent racheter leur vie par une forte somme d'argent. Tout chirurgien qui a soigné ou pansé un blessé, et qui ne le livre pas, est fusillé. Enfin, rien n'est respecté, tout acte d'honneur et d'humanité est par lui déclaré crime capital. Mais les paysans préfèrent la mort à l'ignominie. Dans sa course barbare, Mina se rend au village de Lecaroz, dont les habitants avaient été forcés par nous de conduire notre artillerie dans les montagnes; pour les punir de ce qu'il regarde comme crime, il réunit les vieillards qui n'avaient pu fuir à son approche, les fait tirer au sort et en fait fusiller un sur cinq. Il lui fallait du sang, et ne sachant comment assouvir son penchant sanguinaire, il ordonna qu'on assemblât sur la place les bœufs mêmes qui avaient servi à conduire notre artillerie, et les fait passer par les armes. Dès cet instant, l'ex-dictateur catalan put ajouter à son titre d'incendiaire de Castelfollit, celui de bourreau de Lecaroz. En quittant ce village, qu'il réduisit en cendres, il fit une proclamation, où on lit les phrases suivantes, qui seules dépeignent l'homme cruel qui les a tracées : « *La guerre de Navarre va » commencer,* et plus bas : *Lecaroz a été livré au- » jourd'hui aux flammes ; ses habitants ont été fusillés, » un sur cinq, en punition de leur crime. Le même » sort est réservé à toute population, à tout individu » qui suivra l'exemple des habitants de Lecaroz, etc., » etc.* » — Les satellites de sa cruauté exécutèrent fidèlement ses ordres. Pendant une dixaine de jours on vit les chapel-gorris de Jaureguy, nantis de pleins pouvoirs, assassiner, violer, tuer, voler, piller ; ils inventèrent de nouveaux supplices, pour satisfaire d'abord leur haine personnelle, et ensuite pour se gorger de l'or de leurs victimes.

Revenons maintenant de quelques jours en arrière, et mettons en parrallèle la clémence de Charles V et de Zumalacarregui. Dans le nombre des prisonniers faits à Los-Arcos, étaient plusieurs officiers, et parmi eux le neveu de Lorenzo, aide-de-camp de son oncle, blessé dans la dernière action d'Arquijas. Témoin des cruautés que les christinos faisaient éprouver aux carlistes, il n'osait espérer sa grâce. Mais quel fut son étonnement ! lorsque Zumalacarregui, entrant dans la chambre où il se trouvait avec plusieurs de ses camarades, leur dit : « Les soldats de Charles V savent attaquer et détruire » leurs ennemis sur le champ de bataille, mais non les » assassiner dans leur lit. » S'approchant ensuite du lit où était Lorenzo, il lui adressa quelques paroles de consolation, qu'il accompagna de quelques larmes ; une de ces éloquentes larmes tomba sur l'habit de Lorenzo. Le généreux blessé ne trouvant d'autre moyen d'exprimer sa reconnaissance, cria : *vive Charles V! vive Zumalacarregui !*

Chaque grabat des blessés devint aussitôt l'écho fidèle de ce cri. Lorenzo, qui ne pouvait retenir ses larmes disait : « Je pleure, non parce que je conserve la vie, mais » parce que j'ai vu tomber une larme de Zumalacarregui. » Elle est tombée, cette larme généreuse, sur mon habit, je » le conserverai toute ma vie. » Un moment après le Roi vint les visiter, les cris mille fois répétés de *vive Charles V*, retentirent dans la salle. Sa Majesté ratifia le pardon accordé par Zumalacarregui, s'informa de l'état de chacun en particulier et adressa à tous des paroles de bonté. Les malheureux blessés semblaient oublier leurs maux, et ceux qui ne pouvaient remuer dans leur lit, levaient avec effort la tête pour contempler les traits du Roi qu'ils appelaient quelques jours avant le *Roi des brigands*. Charles V, avant de sortir de la salle, leur dit : » *Mes enfants, vous êtes libres, vous pouvez aller où* » *bon vous semblera. Ceux qui voudront rester ici le* » *peuvent ; les autres seront conduits et portés où ils*

» *desireront.* » Lorenzo promit, quoiqu'on ne lui eût pas demandé, de ne jamais, en cas qu'il vînt à guérir de sa blessure, prendre les armes contre son Roi. « Si je m'y » voyais forcé, ajouta-t-il, je sais le parti que j'aurais » à prendre. » Il demanda bientôt après qu'on le laissât partir pour Logrono avec quelques autres officiers blessés, ce qui lui fut de suite accordé. Charles V donna des ordres très-sévères pour que tout ce qui appartenait aux blessés leur fût laissé. Tous les soldats en état de se lever furent, sur leur demande, envoyés dans les hôpitaux carlistes. Le lendemain, Lopez, qui était à Lérin, se présenta avec une quarantaine de cavaliers pour prendre Lorenzo et ceux des blessés qui avaient demandé à le suivre. Charles V et Zumalacarregui se rendirent à l'hermitage de San-Grégorio, distant d'une demi-lieue de Los-Arcos, pour laisser à Lopez le moyen d'accomplir sa mission en toute liberté.

Couvert du sang des malheureux vieillards de Lecaroz, et emmenant avec lui les mères et sœurs des volontaires, qu'il rendit responsables de la conduite de leurs fils ou frères, Mina rentra le 20 à Pampelune, où il reçut la nouvelle de la prise d'Echarri-Aranaz, qui s'était rendue la veille faute de secours. Les soldats de cette garnison se défendirent vaillamment, et ce ne fut que lorsqu'ils se virent dans l'impossibilité de résister plus long-temps, qu'ils implorèrent la clémence du vainqueur. Une des mines faites par les volontaires, avait sauté, et, sous les décombres, avait péri une partie de la garnison. Le même sort attendait infailliblement les autres, lorsque Mesquireiz, leur commandant, blessé, voyant que tout était perdu, se rendit à discrétion. Malgré les atrocités de Mina, Zumalacarregui ne voulut point user de représailles, et laissa les officiers, ainsi que les soldats, libres de se rendre où bon leur semblerait.

« *Charles V,* leur dit-il, *ne veut que des volontaires,* » *et personne par force; ceux qui veulent aller à Pampelune n'ont qu'à sortir des rangs, ils y seront conduits.* » Tous les soldats demandèrent à entrer dans nos rangs, ce qui leur fut accordé. Le commandant Mesquireiz, et trois officiers seulement qui avaient demandé à aller à Pampelune, furent escortés jusqu'aux portes de cette ville, par un détachement que Zumalacarregui leur donna.

La garnison se composait de quatre compagnies du régiment provincial de Valladolid, d'une compagnie d'artillerie et de quelques cavaliers. On trouva dans la place deux pièces de quatre et une de huit; environ 400 fusils, beaucoup d'effets d'abillements, et une grande quantité de provisions de bouche. L'artillerie qui y fut prise nous fit grand bien, car, outre notre pénurie sous ce rapport, le pauvre *avuelo* s'était fendu, et l'on avait été obligé, pour le faire servir encore, de l'entourer de barres de fer assujéties par des cercles. Dans ce siége, le général Monténégro, qui était à la tête de tous les travaux, reçut une balle dans le bras. Les volontaires voyant l'artillerie prise à Echarri-Aranaz disaient: « *L'avuelo* commence à faire des enfants; ils sont encore » petits, mais ils grandiront. » Ils ne se trompaient pas, car dès ce jour Zumalacarregui marcha de victoire en victoire, et vit son armée s'accroître journellement, soit par des désertions de l'ennemi, soit par les nombreux volontaires qui venaient des provinces voisines, soit enfin par les prisonniers qui sollicitaient et obtenaient des armes. A cette époque furent armés le 11e. et le 12e. de Navarre, et fut formé le 3e. de Castille. La prise d'Echarri-Aranaz fut très-avantageuse à Charles V, parce que, outre l'effet moral que produisit sur les troupes la possession de cette place, l'ennemi se vit obligé d'évacuer Olazagutia, et, quelques jours après, Irursun.

Peu de temps après la prise d'Echarri-Aranaz et l'occupation de Olazagutia, Zumalacarregui se dirigea vers Mañeru, et de là vers Mendigoria où il attaqua une colonne ennemie qui s'y trouvait. Vivement poursuivie et défaite, cette division gagna en désordre Larraga, dont l'avantageuse position mettait à l'abri d'un coup de main. Zumalacarregui voulut les attaquer dans cette ville, mais voyant que le passage du pont était presque impossible, il se retira. Dans cette action, un Français nommé Raffegeau, capitaine agrégé à ma compagnie, entraîné par son courage, voulut, à la tête de ses braves soldats, essayer de passer le pont. Il fut victime de sa hardiesse; il reçut, avant de l'avoir entièrement franchi, et à l'instant où il criait à ses soldats : *en avant!* une balle dans les reins, dont il mourut quelques jours après. Un autre Français nommé Champalbert, blessé à l'épaule, mérita dans cette affaire l'épaulette de sous-lieutenant. Ce valeureux jeune homme est parvenu depuis au grade de lieutenant dans le bataillon de guides, et a été fait prisonnier en Aragon avec l'infortuné Torrès, qui fut aussi blessé dans cette action.

Raffegeau était vendéen et faisait sa philosophie dans un petit séminaire, lorsque la duchesse de Berry vint se mettre à la tête des Vendéens. Il fut un de ceux qui combattirent si héroïquement au château de la Pénissière. Condamné à mort par contumace, il réussit à éviter la hache du bourreau français en gagnant l'île de Gersey, d'où il se rendit en Portugal. Il y servit d'abord comme sous-lieutenant, dans le régiment de la police de Lisbonne; plus tard il fut nommé lieutenant, et il avait ce grade lorsqu'il quitta le service du roi don Miguel. Parti du Portugal avec le maréchal Bourmont, il y rentra bientôt après, et offrit ses services à Charles V, alors à Morvan. Charles V lui confia plusieurs missions qui lui avaient mérité le grade de capitaine et la croix de Saint-Ferdinand.

XIX.

Le commandement est retiré à Mina. — Valdès le remplace. — Oráa tente en vain de compléter la ligne de fortifications du Bastan. — Atrocités de Mina en Catalogne. — Massacre d'O'Donnel. — Circonstances horribles de sa mort.—Assassinat de Miralles et de la mère de Cabrera. — Valdès pénètre, dans les Amescuas ; l'incendie éclaire sa marche. — Défaite de Valdès à San-Martin, du 20 au 23 mars. — Arrivée de lord Elliot et du colonel Gurwod. — Texte du traité conclu entre Zumalacarregui et Valdès.—Interprétation fournie au 8e article par les christinos.—Iriarte battu per Saraza à Guernica.— Barbare vengeance d'Espartero sur les habitants de Guernica.

Les cruautés que le féroce Mina commettait lui-même et faisait commettre par ses lieutenants, au lieu d'intimider les habitants de la Navarre, les exaspérèrent au dernier point. Cet homme barbare s'aperçut bientôt que la cause de Christine périclitait entre ses mains. Informé que sa conduite et son peu de capacité étaient reconnus a la cour, et certain d'une disgrace prochaine, il prétexta que sa maladie avait empiré, et offrit sa démission, qui, par une coïncidence remarquable, arriva à Madrid au moment où le gouvernement venait de lui retirer le commandement. Valdès, alors ministre de la guerre, le même qui avait déjà été vaincu par Zumalacarregui au commencement, fut envoyé, avec de nouvelles troupes, pour le remplacer.

Mina partit en toute hâte pour la France, chargé de l'or et de l'exécration des habitants des quatre provinces, traînant à sa suite un long cortége de forfaits qui souilleront à jamais sa mémoire. Il laissa le commandement des troupes qui devaient agir contre Zumalacarregui au général Aldama, arrivé depuis peu d'Aragon avec des troupes. Les généraux Vigo, Gurrea et Oráa restèrent aussi avec des divisions dans le royaume de Navarre. C'est à cette époque qu'Oráa, qui opérait dans le Bastan, après avoir fortifié San-Estevan et Urdaz, voulut compléter la ligne de fortifications projetée sur la frontière ; mais, inquiété vivement par les carlistes, et surtout par les chapel-churis guipuscoans (nom que l'on donne aux volontaires de cette province, à cause de la couleur de leurs bérets), il fut obligé d'abandonner ce projet, et les fortifications commencées à Beira furent démolies.

Le général Cordova, que la défaite de Lorenzo au pont d'Arquijas avait réconcilié avec Mina, reçut le commandement de l'Alava et du Guipuscoa. Le pauvre Lorenzo fut disgracié, et depuis il n'a plus reparu sur la scène. Je crois qu'on l'a envoyé dans les colonies expier sa forfanterie. Enfin Iriarte eut celui de la Biscaye.

Qu'il me soit permis d'émettre ici mon opinion sur Mina, opinion qui ne sera peut-être pas partagée par les admirateurs de cet homme jadis si prôné, mais qui ne saurait rien perdre de sa valeur par la dénégation de ses amis. La cause de la Reine, qui n'avait été que compromise par ses prédécesseurs, a été entièrement perdue par lui dans les quatre provinces basques. Son inaction et ses faibles talents militaires ne lui ont pas permis de rien entreprendre de remarquable pendant la durée de son commandement. Il fit deux sorties de Pampelune pour aller à la rencontre des convois venus de France, et une autre pour aller passer la revue des troupes à Puente-la-Reyna. Une velléité de courage le surprit une seule fois : à la tête de sept bataillons, il crut pouvoir engager une action pour reconquérir sa réputation complètement perdue ; mais, à peine a-t-il vu la contenance fière de son ennemi, qu'il fuit lâchement devant Zumalacarregui, qui n'avait à sa disposition que quatre bataillons. Ses admirateurs se retranchent sans doute derrière sa maladie ; mais qu'on le considère maintenant en Catalogne. Quels sont les faits qui honorent son commandement ? Il a des triomphes, mais des triomphes à sa manière. Tel l'assassinat commis en présence de ses troupes par les *urbanos* (gardes nationaux) de Barcelone qui, comptant sur l'impunité, escaladèrent la citadelle imprenable de cette ville, afin de se saisir du brave et loyal Juan O'Donnel, colonel de l'armée navarraise, commandant du 1er. bataillon de Castille, et fait prisonnier à Olot, lors de l'expédition en Catalogne.

Les soldats du pacha catalan ne firent aucun mouvement pour sauver O'Donnel. L'arme au bras, ils restèrent paisibles témoins des tentatives de quelques barbares gardes nationaux. Ce noble martyr de la légitimité, arraché de son cachot par cette bande d'assassins, voit sans crainte la mort, et, le front calme, il ne leur demande qu'un moment pour se réconcilier avec son Dieu. Un poignard, en lui perçant le cœur, répondit seul à sa religieuse demande. Tous ces brigands, avant de massacrer les autres prisonniers, veulent aiguiser leur courage sur son corps inanimé : il est bientôt percé de mille coups de baïonnette, et sa tête, séparée du corps, est jetée à une foule de femmes qui l'attendaient aux pieds des murs de la citadelle. Traînée dans la boue, et foulée sous les pieds, elle est long-temps promenée sur une pique, et déposée ensuite sur la fontaine où, quelques mois auparavant, avait été placée celle du général christino Bassa à qui Llauder, alors capitaine général de la Catalogne, avait laissé le commandement de Barcelone.

Les femmes reviennent en foule à la citadelle, et, avec les têtes des autres victimes, elles obtiennent le corps d'O'Donnel, qu'elles mettent en lambeaux. Ces cannibales se le partagent et en font leur nourriture, aux cris de *vive la liberté ! vive Mina ! vive la constitution !* Les mêmes principes produisent nécessairement les mêmes conséquences : c'est ainsi que nous avons vu, en France, des prostituées se repaître du sang et de la chair des victimes de la fureur populaire, en proférant les mêmes cris.

Le meurtre d'O'Donnel devait rester impuni, parce qu'il avait été préparé et commandé par le proconsul de

Christine. Les lâches officiers qui commandaient la citadelle, et qui pouvaient sans beaucoup d'efforts repousser les assassins qui s'en emparèrent, ont conservé leurs grades, et n'ont point démérité auprès de ceux qui virent exécuter avec plaisir l'horrible assassinat qui les débarrassait à tout jamais d'un ennemi à craindre seulement dans les combats. Plusieurs officiers qui assistèrent aux derniers moments de la victime, avaient été précédemment faits prisonniers par O'Donnel lui-même, près de Figuères, et furent renvoyés par Guergué, commandant de l'expédition navarraise, plutôt que de leur infliger la terrible punition des traîtres à leur Roi. Et aucun de ceux-là n'osa s'interposer entre la victime et les bourreaux ! Et pas un officier, parmi ceux qui se trouvaient présents, ne prit sous sa généreuse protection cet homme si loyal et si humain ! O honte !......

Mais le fait suivant fera connaître le principal moteur de ce crime. Le colonel O'Donnel appartenait à l'armée de Navarre ; le traité Elliot, que nous verrons plus bas, lui était, sous tous les rapports, applicable, et le mettait à l'abri de la vengeance des christinos ; mais Mina, qui conservait une vieille rancune contre cette famille, et qui depuis long-temps convoitait cette proie, refusa constamment l'échange qui lui fut proposé, d'abord par le général Guergué, et plus tard par le brigadier de Torrès, qui est lui-même tombé victime de sa généreuse confiance. Torrès offrit en vain, en échange, un colonel et cinq autres officiers à Mina, qui se refusa aussi à accepter celui que proposa le Roi lui-même.

Bercée du doux espoir de voir son mari libre, Mme.

O'Donnel avait quitté Paris pour se rendre à Barcelone, espérant fléchir le cruel Mina, de qui elle obtint, non sans beaucoup de peine, le bonheur de voir quelques instants son époux. A la sollicitation de Mina, elle vint en Navarre proposer au Roi un échange qu'elle obtint, et, pendant qu'elle remplissait une mission si chère à son cœur, O'Donnel mourait sous le poignard assassin. Cette infortunée et généreuse épouse apprit cette terrassante nouvelle à Bayonne, au moment où elle allait repartir pour Barcelone.

L'impossibilité de faire entrer dans le récit des événements que j'ai à rapporter encore quelques faits bien propres à faire apprécier la cruauté de Mina, m'impose le devoir de les relater ici avec brièveté.

C'est en sa présence et par les mains des sbires de sa férocité, que le brave Miralles, qui commandait à Notre-Dame-de-la-Hort, fut traîné dans les rues de San-Laurens-del-Piteus ; ses assassins, après avoir multiplié les tortures, firent pleuvoir sur son corps presque sans vie une grêle de balles. Ce n'est point ainsi qu'en avait usé ce généreux défenseur de la légitimité à l'égard des prisonniers christinos qui furent renfermés dans la citadelle dont il avait le commandement. Le commandant d'armes de Quisone et les urbanos de Tamarite, qui avaient été ses prisonniers, implorèrent à genoux la grâce de celui qui leur avait sauvé la vie ; mais la prière dictée par la reconnaissance ne put toucher le cœur de Mina.

N'est-ce pas encore sous les coups de ce même Mina qu'est tombée la vieille mère de Cabrera ? Quel crime avait commis cette innocence femme ? Elle avait donné le jour au jeune guerrier aragonais que la providence a suscité pour venger son Prince et sa patrie. Et c'est à cet homme que des Français tresseront, au nom de la liberté, des couronnes, qui ne pourront ceindre qu'un front souillé par la lâcheté et le crime! Et c'est à cet homme qu'un général français, au sein de Bordeaux, a accordé les honneurs d'une sérénade militaire!

Mais quittons la boue sanglante dans laquelle se complaît le digne général de Christine, et occupons-nous de Valdès, qui verra de nouveau sa gloire immolée au génie de l'immortel Zumalacarregui.

Valdès, en arrivant, s'était proposé, pour premier exploit, de brûler entièrement les Amescuas, seul *palladium*, disait-il, de la canaille; et, pour qu'on ne doutât aucunement de ses bienveillantes intentions, il eut soin de se faire précéder par une proclamation calquée sur celle de Mina, et presqu'aussi cruelle que celle qui lui servit de modèle. Le général christino réunit les troupes des quatre provinces, et se dirige vers les Amescuas, afin de tenir l'engagement qu'il avait pris. Il se présente à Contrasta, et c'est là qu'il commence à dérouler son féroce plan de campagne. Zumalacarregui, à la tête de quelques bataillons, épiait ses mouvements; il feint de battre en retraite, et le laisse pénétrer dans les villages abandonnés par les habitants, qui avaient tous fui à son approche. A mesure que Valdès s'avance, l'incendie éclaire son passage. Il arrive à Eulate sans éprouver la moindre résistance. Fier de ce qu'il croit un succès, et se parant déjà des lauriers du vainqueur, il avance encore, et se dirige vers San-Martin. Mais c'est là que l'attendait son redoutable adversaire. Les soldats christinos, épuisés par la fatigue, ne purent résister, quoique trois fois plus nombreux, au premier choc des braves commandés par Zumalacarregui. Après une courte résistance, méconnaissant la voix de leurs chefs, aussi effrayés qu'eux, ils furent mis dans une complète déroute, et s'échappèrent dans toutes les directions. Plusieurs d'en-tr'eux, succombant sous le poids de la lassitude et de la peur, s'enfoncèrent dans l'épaisseur des bois, et se trouvaient ainsi à la merci des paysans dont ils venaient d'incendier les maisons et les récoltes. La plupart, implorant un pardon qu'eux-mêmes n'accordaient jamais, tombaient aux pieds des volontaires et demandaient en véritables suppliants qu'on leur fit grâce de la vie. Enfin, pendant trois grands jours, ce fut plutôt une battue qu'un combat, car les soldats christinos, pour être moins embarrassés dans leur course, avaient eu la sage précaution de jeter leurs armes et de se dépouiller même de leurs habits. Valdès eut le bonheur d'échapper à la poursuite de son ennemi, et gagna, avec les malheureux débris de son armée, la petite ville d'Estella ; mais le héros christino, ne se croyant pas tout-à-fait en sûreté dans cette place, en emmena la garnison et gagna en toute hâte la résidence de Logrono.

Cette action glorieuse pour les armes de Charles V commença le 20 mars et se termina le 23. Elle eut des résultats incalculables, car, outre la perte de la brigade entière qu'on lui prit, l'ennemi perdit, en prisonniers, morts et blessés, plus de 2,000 hommes. Les uniformes et autres effets de Valdès tombèrent entre les mains des soldats de Zumalacarregui. Les volontaires improvisèrent un mannequin qu'ils revêtirent de l'uniforme du général de Christine, et, après l'avoir promené et donné en spectacle aux curieux, ils mirent entre ses mains sa propre proclamation, et y mirent le feu aux applaudissements de toute l'armée.

Mais, pour rendre le triomphe des soldats de Charles V encore plus complet, la Providence permit que lord Elliot et le colonel Gurwod, envoyés en Espagne par le ministre Wellington, fussent témoins de la déroute de l'armée de Christine et de la lâcheté de leur général. Les nobles envoyés parcoururent le champ de bataille encore couvert des cadavres de l'ennemi, et purent se convaincre par eux-mêmes de la science militaire et de la haute bravoure du général de don Carlos.

Je crois faire plaisir à mes lecteurs, en plaçant sous leurs yeux, le traité fait par lord Elliot, approuvé par Zumalacarregui, général en chef de l'armée de S. M. Charles V, et par Valdès, général en chef de l'armée du Nord.

CONVENTION ou STIPULATION *

POUR L'ÉCHANGE DES PRISONNIERS, PROPOSÉE PAR LORD ELLIOT, COMMISSAIRE POUR S. M. B., ET QUI SERVIRA DE RÈGLE AUX COMMANDANTS EN CHEF DES ARMÉES BELLIGÉRANTES DANS LES PROVINCES DE GUIPUSCOA, ALAVA ET DE BISCAYE, ET DANS LE ROYAUME DE NAVARRE.

ARTICLE 1er.

Les commandants en chef des deux armées actuellement en

---

* Ce traité, conclu d'abord avec Zumalacarregui sous le titre uni-

guerre dans les provinces de Biscaye, Guipuscoa et Alava, et dans le royaume de Navarre, conviennent de conserver la vie aux prisonniers qui seront faits de l'un ou de l'autre côté, et de les échanger ainsi qu'il est dit ci-après.

ART. II.

L'échange des prisonniers sera périodique deux ou trois fois par mois, et plus souvent si les circonstances l'exigent et le permettent.

ART. III.

L'échange sera en juste et égale proportion du nombre de prisonniers que présentera chaque partie, et les excédants demeureront dans le parti où ils se trouveront, jusqu'à nouvelle occasion d'échange.

ART. IV.

Pour les officiers, l'échange se fera à grade égal, « *entre les* » *officiers de tous rangs, emplois, classes et dépendances qui* » *seraient échangés par deux parties, d'après le rang respectif* » *de chacun.* »

ART. V.

Si après avoir fait un échange entre les deux partis belligérants, l'un d'entre eux avait besoin d'un lieu pour y garder les prisonniers excédants qui n'auraient pas été échangés, pour leur sûreté,

---

que de *convention*, fut signé par lui; mais Cordova, que Valdès avait chargé de s'entendre avec lord Elliot pour les clauses du traité, voulut qu'on remplaçât le titre de *convention* par celui de *stipulation*. L'envoyé anglais consentit à cette addition, et à quelques autres changements qui nécessitèrent une nouvelle signature de Zumalacarregui. En la donnant, ce général dit : *Je ne connais pas la guerre de plume* : VA POUR STIPULATION.

Nota. Nous plaçons en italique les additions faites par Cordova, pour Valdès, au traité signé le 28 avril par Zumalacarregui.

le bon traitement et l'honneur de ces prisonniers, il sera convenu qu'ils seront gardés dans un dépôt par le parti au pouvoir duquel ils se trouveront, dans un ou plusieurs villages, qui seront respectés par le parti contraire, au cas qu'il puisse y pénétrer, et même qu'on ne pourra leur nuire ni les inquiéter en aucune manière pendant le temps qu'ils y séjourneront; bien entendu que dans les villes ou villages où seront les prisonniers, on ne pourra fabriquer ni armes, ni munitions, ni effets militaires.

« *Les places seront nommées d'avance par les deux partis belligérants.*

ART. VI.

Durant cette lutte, on n'exécutera aucune personne civile ou militaire pour raison de ses opinions, sans qu'elle soit jugée et condamnée conformément aux réglements et ordonnances militaires qui régissent l'Espagne.

Cette condition doit s'entendre uniquement pour ceux qui ne sont pas réellement prisonniers de guerre; relativement à ceux-ci, c'est ce qui est stipulé dans les articles ci-dessus qui régit pour eux.

ART. VII.

Chaque parti belligérant respectera religieusement et laissera en pleine liberté les blessés et les malades qu'il trouvera dans les hôpitaux, villages, villes, casernes, ou dans quelque lieu que ce soit, « *pourvu qu'ils soient munis d'un certificat d'un chirurgien* » *de leur armée.* »

ART. VIII.

Si la guerre s'étend dans d'autres provinces, les mêmes conventions seront observées « *de la même manière que dans les* » *provinces de Guipuscoa, Alava, Biscaye, et dans le royaume* » *de Navarre.* »

(Cet article a été ajouté par le commissaire britannique.)

ART. IX.

Ces conditions s'observeront religieusement et rigoureusement par tous les commandants qui pourraient se succéder dans les deux partis.

Le traité ayant été signé en duplicata, la place des signatures des deux généraux a été changée, « *afin qu'il y eût parité parfaite entre les deux partis.* »

Quartier-général de Logrono, le 27 avril 1335.

Le commandant en chef de l'armée d'opération du nord,

Signé Geronimo VALDÈS.

Quartier-général de Azarta, le 28 avril 1835.

Le Commandant en chef de l'armée,

Signé Tomas ZUMALACARREGUI.

Signé ELLIOT.

L'article 8 de ce traité a reçu des christinos une interprétation que Mina et plusieurs autres chefs christinos ont adoptée pour légitimer leurs assassinats. Ils prétendent que le bénéfice du traité ne s'étend qu'aux soldats de l'armée des quatre provinces, qu'ils combattent dans ces provinces ou ailleurs, mais nullement aux volontaires de l'intérieur.

Ce traité n'est point aujourd'hui régulièrement observé par les christinos, même dans le sens qu'ils fournissent à l'article 8. Aussi Charles V a-il dû signifier à Cordova, que dix officiers christinos seraient pris dans les dépôts, et paieraient de leur vie l'infraction du traité, chaque fois qu'un des officiers de son armée, fait prisonnier, serait passé par les armes.

Quelques jours après la déroute de Valdès, le brigadier Saraza battit à Guernica la colonne d'Iriarte, lui prit deux pièces de canon, lui fit quelques prisonniers, et lui mit hors de combat 400 hommes, sans compter les blessés. Une partie de cette colonne courut se renfermer dans un couvent de femmes.

Saraza, par égard pour les religieuses que les christinos ne voulurent point laisser sortir, se contenta de bloquer ce couvent, espérant que la famine les ferait capituler; mais l'approche d'Espartero, à la tête d'une forte colonne, le fit éloigner.

Espartero, pour tirer vengeance de la défaite d'Iriarte, et punir les habitans du secours qu'ils avaient prêté aux volontaires, fit mettre le feu à la ville, et au milieu des cendres et des décombres, fut, par ses ordres, élevé un poteau portant l'inscription suivante :

ICI FUT GUERNICA.

XX.

Ma rentrée en Espagne. — Capitulation de Tréviño. — Siége de Villafranca de Guipuscoa. — Défense héroïque de la garnison. — Capitulation de la ganison. — Victoire remportée à Ozarte, par Sagastibelza sur Oráa — Eraso bat Espartero. — Le comte de Mirasol. — Avantage remporté par Villaréal. — Incisa, major piémontais. — Etendard brodé par la princesse de la Beyra

---

Entièrement rétabli de ma blessure, je me mis en route pour Bayonne le 15 mai, pour de là repasser la frontière. Au moment ou j'allais entrer dans Bayonne, deux agents de police m'appréhendèrent fort poliment au corps; leurs procédés furent honnêtes, mais ils ne me dispensèrent pas de l'honneur de les accompagner jusques chez M. l'inspecteur de la police. Cette mésaventure retarda, mais n'empêcha pas ma rentrée en Espagne. J'eus à me débattre pendant quelques jours avec M. Henaut; mais enfin tout tourna au gré de mes desirs ; je fus autorisé à quitter la ville, et je le fis. Arrivé à Beyra, je me hâtai de passer la Bidassoa, et j'arrivai à Lesaca, petite ville du Guipuscoa, à six lieues d'Elisondo et trois d'Irun.

Je profitai du court séjour que j'eus à faire dans cette ville, en attendant l'arrivée de mes effets, pour me mettre un peu au courant des positions et des opérations de l'armée de Charles V. J'appris la prise de Tréviño, qui, après s'être défendue vaillamment, fut obligé de se rendre. Valdès qui s'était mis en marche pour la secourir, n'arriva pas à temps. Zumalacarregui venait de poser le siége devant Villafranca de Guipuscoa. Ce siége était poussé avec vigueur, et cependant la garnison de cette ville, composée de peseteros, de quelques urbanos et de troupes de lignes, se refusait à toute capitulation, alors même que les bombes, les obus et les boulets avaient presque en entier détruit la ville. L'espérance d'être secourus par Valdès, leur faisait faire une résistance héroïquement opiniâtre ; mais les événements que je vais rapporter les contraignirent à se rendre.

Valdès, instruit que Zumalacarregui, qu'il avait appris à craindre, assiégeait Villafranca, ordonna à toutes les divisions de marcher sur cette ville.

Oràa était dans les environs de San-Estevan, lorsqu'il reçut les ordres de Valdès. Il se mit en devoir de les suivre, malgré le temps le plus affreux, et passa le port de Labenza, se dirigeant sur Elzaburu. Sagastibelza voyant ce mouvement, se mit à sa poursuite seulement avec le 5e., le 6e., le 7e. bataillon de Navarre, et le 3e. de Guipuscoa, l'atteignit dans l'après-midi à Ozarte, où il l'attaqua, malgré l'infériorité numérique de ses troupes. L'attaque fut faite avec une telle impétuosité et un tel succès, que la défaite fut complète, et que la nuit seule empêcha l'entière destruction de cette division, dans laquelle se trouvait le 4e. de la garde royale, le même qui plus tard fut reçu avec tant d'honneurs à Madrid; mais toujours est-il qu'un bien petit nombre de soldats partis de cette ville, faisant partie de ce régiment, y sont rentrés. L'ennemi fut jeté sur la rivière l'Ulzama, considérablement grossie par les pluies, dans les eaux de laquelle grand nombre de soldats trouvèrent la mort, en croyant y trouver leur salut. 20 officiers et 550 soldats furent faits prisonniers, et toute la brigade fut prise. Oráa, assez heureux pour échapper à ce désastre, gagna, avec le peu de troupes qui lui restaient, Pampelune où il fut cacher la honte de sa défaite. La perte de l'armée carliste consista en 4 morts et 12 blessés; dans le nombre des premiers était le vaillant Florencio Oneca, capitaine au 5e. bataillon qui, avec sa compagnie seule, attaqua à la baïonnette le fameux 4e. de la garde. Cette action glorieuse pour les armes du Roi eut, sur les événements postérieurs, la plus grande influence. Oráa, opérant sa jonction avec Valdès, aurait probablement réussi à faire lever le siége de Villafranca, et sa défaite amena l'abandon de toutes les places fortes de la frontière de France: Elisondo, San Estevan, Urdax et Irún.

Espartero, de son côté, arrivait par la grande route de Vittoria à Villafranca avec 18 bataillons et un escadron de lanciers. Cette masse énorme, comme le dit le général Bénito Eraso, fut surprise, attaquée, rompue et dispersée sur les hauteurs de Descarga, seulement par six compagnie d'élite et soixante lanciers de Biscaye, et par le bataillon de guides d'Alava. Laissons parler le vaillant Eraso. Voici ce que porte son rapport sur cette brillante affaire :

« Nous avons fait plus de 1,000 prisonniers, parmi » lesquels 3 colonels, 3 lieutenant-colonels, 19 capi- » taines et autres officiers, 2 chirurgiens, un aumônier, » 14 tambours, 8 cornettes et plus de 1,200 fusils ; une » pharmacie ; enfin toute la brigade et beaucoup de » chevaux pour le service. De notre côté, nous n'avons » eu qu'un lancier légèrement blessé. » Ces deux victoires peuvent paraître incroyables à ceux qui n'ont point vu certaines déroutes des troupes christines ; mais l'homme qui a eu l'œil sur ces champs de bataille le comprend aisément ; car souvent on a vu commencer la débandade avant que les balles pussent porter sur les lignes ; et, une fois commencée, les christinos ne savaient que fuir. Espartero se croyant toujours poursuivi par Eraso, n'osa pas s'arrêter même à Bergara. Plusieurs prisonniers faits dans cette action m'ont assuré que le comte de Mirasol, celui qui plus tard défendit si vaillamment Bilbao, fut fait prisonnier par un lancier qui, à cause de sa minime taille, le prenant pour un tambour, le laissa échapper. Ces deux actions et la victoire remportée aussi par Villaréal, entre Vittoria et Salvatiera, sur une petite colonne ennemie qui se rendait dans cette première ville, renversèrent tous les projets du nouveau don Quichotte Valdès, et forcèrent la garnison de Villafranca à capituler, le 3 juin à 3 heures de l'après-midi.

Zumalacarregui annonça au ministre de la guerre cet important événement avec le laconisme qui caractérisait ses bulletins. « *Les victorieux soldats de S. M. viennent de prendre possession de cette ville dont la* » *garnison devient prisonnière de guerre. Veuillez ne* » *pas différer de porter cette heureuse nouvelle à la* » *connaissance de S. M.* »

Villafranca est située sur une petite élévation. La grande route passe par le millieu de la ville, et quatre pièces d'artillerie en défendaient le passage. La ville était de plus entourée d'un large fossé et d'une enceinte de remparts qui, quoique d'une moyenne épaisseur, rendait cette place difficile à prendre, à raison du petit nombre et de la nature des pièces dont Zumalacarregui pouvait disposer; l'artillerie carliste devant Villafranca se composait uniquement de deux mortiers, d'un obusier et d'une pièce de 18, appelée *boca négra* (bouche noire), et sœur du pauvre *auelo*, que son grand service avait fait mettre de côté, et des pièces prises à Echarri-Aranaz. Mais que ne pouvait pas le génie de Zumalacarregui avec de faibles ressources ! Outre les fusils qui furent pris à Villafranca, on y trouva une grande quantité de poudre, des pièces d'artillerie, beaucoup de provisions de bouche et d'équipement. La prise de cette ville fut pour les christinos une perte immense, car, outre la démoralisation qu'elle mit dans l'armée ennemie et qui occasionna de nombreuses désertions, elle les força à abandonner plusieurs places dont l'occupation par les troupes du Roi conduisit nos bataillons victorieux jusques aux portes de Bilbao.

Je me trouvais encore à Lesaca lorsque j'appris la prise de Villafranca, et les victoires remportées par Eraso, Sagastibelza et Villaréal ; mais, le 7 juin, ayant reçu tous mes effets, je me mis en route pour le quartier royal, ayant pour compagnons de voyage un major piémontais nommé Incisa, qui venait offrir ses services à Charles V, et un jeune Anglais venant d'Angleterre, chargé de remettre, de la part de S. A. R. la princesse de la Beyra, un étendard à son auguste beau-frère Charles V. Cet étendard, brodé par cette princesse, portait d'un côté, sur un fond blanc, artistement dessinée, la Vierge des douleurs, avec cette inscription : *La Vierge des douleurs généralissime des armées de Charles V*, et de l'autre, élégamment brodées, les armes d'Espagne.

XXI.

Tolosa.—Joie des habitants de cette ville.—Circonstances singulières de son évacuation.—Villafranca.—Siége et capitulation de Bergara.—Couvent de Notre-Dame de cette ville.—Entrée du Roi à Bergara.—S. M. reçoit, pour la première fois, le salut militaire avec l'artillerie de campagne.—Capitulation de la garnison d'Eybar.—Abandon de Durango par les christinos.—Prise d'Ochandiano par Zumalacarregui, qui se dirige de là sur Bilbao.—Mise du siége devant cette ville.

Nous étions à peine sortis de Lesaca, que nous rencontrâmes des soldats envoyés à Beyra pour y porter la nouvelle de l'occupation de Tolosa par les troupes de Charles V; nous dûmes dès-lors changer notre itinéraire et nous rendre dans cette ville, qui se trouvait très-peu éloignée de nous, et où nous arrivâmes après deux heures de marche. La ville était occupée par deux bataillons de Guipuscoa, commandés par le brigadier Gomez, que je connaissais déjà. On ne remarquait rien dans les rues de cette ville qui annonçât la présence d'une troupe victorieuse. Les soldats parcouraient gaiement les rues, embrassant les habitants; c'était tout l'aspect d'une fête, et en réalité c'en était une. Le père retrouvait son fils, la femme son mari, la jeune fille son frère. Les cris de *vive Charles V!* retentissaient de toutes parts. Dans cette ville les christinos étaient en grande minorité, et les plus dévoués se félicitaient à haute voix du départ de la garnison, qu'ils regardaient comme une délivrance.

La garnison de cette ville, sous le commandement du Pastor, effectua sa retraite sans combat, et avec une promptitude si curieuse, que quelques détails sur cette évacuation me paraissent propres à intéresser le lecteur.

Le Pastor, qui s'attendait à supporter un siége, avait, le 4 juin, fait venir une grande quantité de poudre. Le 5, à minuit, il apprend que deux bataillons s'avançaient vers la ville pour en faire le blocus. Aussitôt il fait battre la générale, réunit ses troupes, et sans prévenir même les autorités, il quitte la ville et se dirige à marches forcées sur St.-Sébastien, abandonnant artillerie, fusils, munitions, effets, et laissant tous les soldats malades dans les hôpitaux. La frayeur du Pastor fut telle, que les soldats fatigués, qui s'arrêtaient sur la route, y étaient impitoyablement laissés. Il avait à peine abandonné Tolosa, que Gomez, qui en avait été averti, y entrait; et c'est ainsi qu'un grand nombre d'habitants purent, avec un étonnement égal à leur joie, voir au moment de leur réveil la ville occupée par les troupes fidèles. Pas un vol ne fut commis, les propriétés des urbanos, même de ceux en petit nombre qui avaient pris la fuite, furen respectées. Gomez fit détruire les fortifications, s'empara de tout ce qui avait rapport au militaire, et établit, au nom du Roi, de nouvelles autorités.

Tolosa, capitale de la province de Guipuscoa, en est aussi la plus grande et la plus jolie ville. Sa position entre deux rivières appelées l'*Oria* et l'*Arejes* en fait également une des villes les plus commerçantes des quatre provinces.

Je passai la journée entière à Tolosa, et le lendemain à la pointe du jour, je me mis en marche pour Villafranca, toujours en suivant la grande route; mais le quartier général que je croyais y trouver avait été transporté devant Bergara, dont Zumalacarregui venait d'entreprendre le siége. La ville était toute en ruines; plusieurs maisons avaient été incendiées par nos bombes; nos boulets n'en avaient pas laissé une seule intacte. A cette vue, un double sentiment s'empara de mon ame; sentiment de peine en voyant les tristes résultats de la guerre; sentiment d'admiration en pensant au courage de ceux qui, au milieu de ces ruines, avaient fait une si généreuse défense. Il n'existait dans la ville qu'une seule fontaine, et une bombe l'avait détruite au point que l'eau n'arrivait plus. Entré à la posada pour prendre mon repas, je trouvai un aide-de-camp du général en chef, qui me fit de suite part du but de son voyage. Il était avec deux officiers christinos de la garnison de Bergara, qui, du consentement de Zumalacarregui, venaient s'assurer par eux-mêmes de la prise de Villafranca et de l'évacuation de Tolosa: car la garnison de Bergara n'attendait que cette double certitude pour faire aussi sa capitulation. Ces deux officiers christinos ne pouvaient se rendre raison du nombre déjà considérable de nos canons et de nos mortiers. Jusqu'alors ils avaient cru que toute notre artillerie était en bois. Je quittai Villafranca au moment même où ils partaient pour Tolosa, et la promptitude de leur course fut telle, qu'ils arrivèrent à Bergara en même temps que moi.

Ces envoyés étaient à peine rentrés dans la ville, que les conditions de la capitulation furent arrêtées et signées. Le général fit aussitôt part au ministre de la guerre de la prise de possession de Bergara, en ces termes :

« Les troupes du Roi viennent à l'instant de s'emparer » de cette ville ; la garnison est prisonnière de guerre. » Je m'empresse d'en informer V. E., afin qu'elle daigne » porter à la haute connaissance de Sa Majesté une aussi » agréable nouvelle.—Dieu garde, etc.

» Bergara, 7 juin 1835. ZUMALACARREGUI. »

La garnison de Bergara se composait de 1,200 hommes, qui tous furent envoyés dans les dépôts. La liberté d'aller où ils voudraient fut laissée aux officiers. Les urbanos restèrent chez eux. On trouva dans la place quelques chevaux, plusieurs canons, une très-grande quantité de poudre, deux obusiers, 2,000 fusils, 600 capotes neuves, beaucoup d'effets d'habillement, et d'abondantes provisions de bouche.

A l'entrée de la ville de Bergara, et du côté de Villafranca, est un couvent de religieuses de Notre-Dame, dont les christinos s'étaient emparés pour en faire une caserne. Ces bonnes religieuses, obligées de se retirer dans les mansardes, ne craignirent point de s'exposer aux balles des volontaires pour encourager ceux qui étaient venus former le blocus de leur monastère. Elles agitaient des mouchoirs blancs, et, par leurs gestes, semblaient dire : « Courage ! et vous allez vaincre. » On sut plus tard qu'elles étaient instruites que les christinos mettaient en délibération leur capitulation.

Zumalacarregui, après la capitulation, fit une visite à ces religieuses ; j'étais du nombre de ceux qui l'accompagnaient. Le général fut reçu par les novices, qui l'introduisirent auprès des mères. Une collation avait été préparée. Au sortir de table, nous accompagnâmes le général à la chapelle, où un *Te Deum* én musique fut chanté par ces dames, si heureuses et si fières de voir Zumalacarregui. Le lendemain, le Roi étant venu à Bergara, les honora d'une visite.

Il se rattache à l'entrée de S. M. dans Bergara des circonstances trop propres à caractériser ce genre de guerre, pour que je les passe sous silence. Les pièces prises dans cette circonstance étaient des pièces de campagne ayant leur matériel au complet. La joie des volontaires, à la vue de ces pièces que des canonniers improvisés promenaient en triomphe dans les rues de la ville, tenait presque de la folie, et Zumalacarregui lui-même se livrait aux transports de la joie commune. Le Roi se présente le lendemain. L'artillerie de campagne a comme volé à sa rencontre, et la première poudre carliste que reçoivent ces pièces brûle en l'honneur de Sa

Majesté, à qui, pour la première fois depuis qu'il était Roi, le salut militaire était fait au bruit du canon.

Après avoir réglé tout ce qui avait trait à la ville de Bergara, Zumalacarregui se porta sur Eybar, et alors je repris le commandement de la 3me. de guides. Nous nous étions à peine présentés devant cette dernière ville, que la garnison qui l'occupait capitula aux mêmes conditions que celle de Bergara. La possession d'Eybar, à cause de sa célèbre manufacture d'armes, était pour nous chose d'autant plus importante, que chaque fusil donnait alors un soldat de plus à l'armée de Charles V. La garnison de Durango, jugeant à propos de ne pas nous attendre, abandonna son poste.

Ochandiano, qu'on somma de se rendre, fit mine de vouloir résister; mais trois bombes, lancées avec justesse sur l'église qui servait de caserne, firent rendre la garnison à discrétion. Zumalacarregui expédia les prisonniers aux dépôts.

Il nous paraissait que tout était fini, et il n'était pas un volontaire qui ne fût comme convaincu que sous peu de jours nous marcherions victorieux sur Madrid Nous possédions une artillerie imposante ; la présence seule de Zumalacarregui nous assurait le succès dans toutes les rencontres. Alors fut arrêté le siége de Bilbao ; l'artillerie est dirigée sur cette ville, et le 10 juillet 1835, les bataillons de Biscaye, sous les ordres de Saraza, prennent position devant la place.

XXII.

Arrivée de Zumalacarregui devant Bilbao. — Commencement du siége. — Positions d'attaques prises par Zumalacarregui. — Projet de monter à l'assaut. — Le brave Campillo. — Blessure de Zumalacarregui. — Le Roi en personne poursuit le siége. — Espartero, Latre et Iriarte, sont complétement battus par Eraso. — Officiers de la marine française et de la marine anglaise, au camp. — Ils sont reçus par le Roi. — Reyna. — Mort de Zumalacarregui. — La levée du siége commence. — Les troupes christines réunies à Portugallette, entrent à Bilbao. — Charles V prend le commandement général de l'armée. — Moreno chef d'état-major. — Eraso reçoit le commandement de la Navarre. — Cordova prend par intérim le commandement de l'armée enlevé à Valdès.

Nous arrivâmes le 1er. devant Bilbao, et nous campâmes ce jour-là de l'autre côté du pont neuf, sur les bords de la rivière appelée *Nervion*. Le lendemain, nous relevâmes le 1er. bataillon de Biscaye qui se trouvait depuis quelques jours sur les hauteurs de Bilbao; quelques bataillons de Biscaye auxquels furent réunis plusieurs bataillons navarrais, occupèrent les villages d'Eusto et Olaviaga, où était une caserne que l'ennemi abandonna à notre approche, y laissant deux petites pièces d'artillerie qu'ils n'eurent point le temps d'enlever. La rivière passe entre ces deux villages, et ce fut là que Zumalacarregui fit couler des grosses barques chargées de terre, pour empêcher toute communication de la ville avec la mer ; il avait en outre fait un pont en bateau pour faciliter le passage des troupes d'un côté à l'autre. Une batterie, composée d'un mortier et d'un obusier, fut construite sur la montagne, à gauche de la rivière et de Bilbao, entre le pont neuf et Eusto. Le bataillon de guides, le 1er. et le 4e. de Navarre prirent position sur la hauteur, dans les environs de la belle Eglise de Notre-Dame de Begona. Reyna établit dans ces positions deux batteries, toutes les deux en avant de l'église ; l'une était à la gauche, et l'autre à droite de notre position de combat. Celle à gauche, placée dans le jardin dépendant d'une grande maison en pierre de taille, était composée de deux canons de 24, d'un obusier et d'un mortier ; celle à droite avait été établie près d'une petite ferme. La garde de la batterie qui se trouvait dans le jardin de la grande maison me fut confiée. Les batteries avaient été établies malgré le feu d'artillerie et de mousqueterie que nous faisait l'ennemi qui ne se trouvait pas à cent pas de nous ; alors furent faites au comte de Mirasol des propositions qu'il n'accepta pas. Notre feu dut donc commencer.

Notre batterie, soutenue par un feu nourri de mousqueterie que nous faisions du haut de la tour de l'église et des maisons où nous étions, firent taire le feu de la première batterie ennemie. Une partie du mur de la batterie battue en brêche avait croulé.

Zumalacarregui réunit les commandants des bâtaillons et les capitaines de guides dans la grande maison, et demanda quel était celui qui voulait aller à l'assaut de la batterie ennemie. Tous répondirent: « Ceux que vous dé-» signerez, général. » Mais Zumalacarregui ne voulant désigner personne, ordonna que le sort en déciderait. La 1re. et la 4e. compagnie de guides eurent cette mission difficile à remplir. Le général jugea convenable de renvoyer cette tentative au lendemain.

Le commandant de guides, le brave Campillo (Torrès était blessé), vint le soir me trouver dans la maison où j'étais de service, et me dit : « J'irai demain à l'assaut avec » les deux compagnies que le sort a désignées; je suis pres-» que fâché que votre compagnie n'ait pas été favorisée.» Mais, comme ami, il me fit la proposition de l'accompagner, proposition que j'acceptai, mais pour moi seul: » Je crois, me dit-il en me quittant, que nous réussi-» rons, mais plusieurs seront victimes. »

Campillo avait le projet de se mettre à la tête de ses soldats et d'arriver le premier aux batteries ; et il l'eût fait, car il est impossible d'être plus brave que lui. Le lendemain, comme ma compagnie était de service depuis près de 48 heures, elle fut remplacée par deux compagnies du 4e. bataillon de Navarre. Ayant reçu les ordres de mes chefs, je partis de la grande maison où était Zumalacarregui ; mais aussitôt que j'eus mis en route mes soldats, je les laissai sous le commandement du lieutenant et je revins sur mes pas, desirant me trouver à l'assaut qui allait avoir lieu.

Déjà les échelles étaient prêtes, et les compagnies sur le point de se mettre en marche, lorsqu'un événement malheureux nous empêcha d'accomplir une tentative bien hardie à la vérité, mais qui aurait probablement réussi. Zumalacarregui était toujours dans la grande maison à une demie portée de fusil d'une batterie ennemie. Malgré tous les conseils de prudence que lui donnaient ceux qui étaient avec lui, il voulait tout voir, et ainsi, s'exposait beaucoup. Il était à considérer les effets produits par nos boulets sur les fortifications ennemies, lorsqu'une balle, après avoir traversé les contrevents de la fenêtre, dans l'embrasure de laquelle il se trouvait, le frappa à la jambe un peu au-dessous du genoux. C'était le 15 juillet 1835, à dix heures et demie du matin.

Rien ne peut prouver qu'il ait été blessé par un Anglais; il est même probable qu'il fut atteint par un *salvaguardia* ou un carabinier espagnol, dont le bataillon se trouvait derrière le mur qui protégeait la batterie ennemie. Je crois en outre que les artilleurs anglais de marine, débarqués, quelques jours auparavant avec l'artillerie du bateau à vapeur anglais la *Reina-Gobernadora,* au service de l'Espagne, n'étaient pas de service à cette batterie.

Les troupes ayant appris la nouvelle de la blessure de leur général en chef, furent dans la consternation. On suspendit momentanément tous les travaux du siége, pour se contenter d'empêcher l'ennemi de sortir de la ville. Il faut avoir vu Zumalacarregui blessé et porté au milieu de ses soldats, pour se faire une idée des regrets qu'il inspirait à ses enfants. Cependant ces regrets furent moins vifs lorsqu'on apprit que la blessure du général ne donnait pas pour le moment de sérieuses inquiétudes, et que bientôt il pourrait se mettre de nouveau à la tête de ses troupes. On ne prévoyait pas, on ne pouvait pas même prévoir alors, les tristes et malheureuses suites d'une blessure si légère en apparence. Le général fut aussitôt transporté à Segama, à une demi-lieue de Ormaistegui, chez un de ses frères, curé de ce village.

Le Roi se rapprocha de suite de Bilbao, et vint, par sa présence, presser le siége, qu'il confia au général Eraso, en lui donnant le titre de commandant en chef par intérim. La nouvelle de la blessure de Zumalacarregui fut bien vîte portée par les officiers des bâtiments de guerre anglais au compte de Mirasol. Ces bâtiments anglais, ainsi qu'un bateau à vapeur et une goëlette de guerre française, se trouvaient mouillés à Olaviaga, et il leur était permis de communiquer par les chaloupes avec Bilbao. Le soir il y eut dans la ville de grandes illuminations et des danses comme aux fêtes nationales. Le 17, le siége fut repris avec une nouvelle vigueur.

Venons un peu maintenant au général christino Valdès, qui se trouvait, avec une partie de son armée, à Miranda de Ebro, et qui ne paraissait guère pressé de venir au secours de la ville assiégée. Il avait cependant donné l'ordre aux généraux Latre et Iriartre de se réunir, pour ensuite aller rejoindre Espartero qui était à Portugalette; pendant que lui, avec son armée, s'avancerait de Vittoria sur Durango ; mais, je ne sais à quoi cela tint, les réunions n'eurent lieu que le 21 à Portugalette. Le 24, Espartero, Latre et Iriarte, avec environ 12 mille hommes, voulurent essayer de faire lever le siège, croyant que Valdès opérait de son côté; mais, repoussés et battus par Eraso, ils furent obligés de se replier de nouveau sur Portugalette abandonnant leurs blessés sur le champ de bataille. Ces blessés furent envoyés dans les hôpitaux après qu'on leur eut fait le premier pansement. Après cette action, la forfanterie des christinos diminua un peu, et une espèce d'armistice eut lieu. Je profitai de cette suspension d'armes pour aller visiter les bâtiments de guerre français et anglais. A bord de la goëlette française, je trouvai plusieurs officiers de mes amis qui m'engagèrent à partager leur dîner. J'acceptai. Le soir, en les quittant, voulant leur rendre invitation pour invitation, je les priai de venir dîner au camp, ce qu'ils firent le lendemain. Enningsen en fit autant pour les Anglais, qui vinrent aussi. Comme depuis le commencement du siége, ils ne pouvaient se procurer de la viande et des provisions fraîches, ils en étaient réduits aux provisions de la cambuse; aussi furent-ils agréablement surpris de trouver une table de *factieux*, nom qu'ils nous donnaient, abondamment servie.

Le repas fini, Enningsen et moi les conduisîmes visiter nos lignes, et nous nous plaisions à les faire passer devant les batteries ennemies. Ils furent étonnés de voir notre artillerie en si bon état; ils ne savaient comment Zumalacarregui avait pu se procurer tous les matériaux des pièces, et ils étaient dans l'extase en voyant nos braves soldats. Lorsque nous arrivâmes à Begoña, nous les conduisîmes voir nos batteries et la maison où avait été blessé celui dont ils admiraient les talents. Lorsque je les fis entrer dans la batterie principale, ils ne purent retenir un cri d'admiration en voyant le Zumalacarregui de l'artillerie, Reyna. Il avait été blessé la veille à la tête; malgré les vives douleurs qu'il éprouvait, il ne voulut point quitter son poste. Dans ce moment, il dormait la tête enveloppée d'un mouchoir, les bras croisés, et assis sur la bouche d'un mortier. Il manquait un peintre.

Après avoir visité tous nos travaux, nous revînmes au pont neuf où se trouvait S. M. Comme ils m'avaient témoigné le desir de la voir, je me hâtai d'aller demander à Charles V la permission de lui présenter mes compatriotes. Le Roi me répondit: « Je verrai toujours avec » plaisir des officiers français. » Je fus leur faire part de la faveur que j'avais obtenue, et nous nous rendîmes avec les officiers anglais au Palais. Charles V les reçut avec cette douce affabilité qui le caractérise, et leur fit plusieurs demandes auxquelles ils répondirent respectueusement. Les officiers, au sortir de cette audience ne savaient comment m'exprimer leurs remercîmens, de leur avoir fait connaître celui qu'ils ne se lassaient pas d'admirer. Au déclin du jour, je les accompagnai avec Enningsen et quelques soldats, jusques à leurs bâtiments.

La suspension d'armes avait cessé, et le commandant Mirasol se refusait encore à l'acceptation des conditions que le Roi lui faisait proposer de nouveau, parce qu'il voulait connaître le résultat de la tentative qu'il savait devoir être prochainement faite par les généraux christinos.

Nous apprîmes alors, et sans crainte, que le général

Las Heras se dirigeait vers Portugalette, pour se réunir avec les divisions qui se trouvaient dans cette ville. Mais une nouvelle bien plus alarmante engagea bientôt le Roi à faire lever le siége de Bilbao ; je veux parler de la mort de Zumalacarregui. Cet illustre capitaine succomba le 25 juin à 11 heures du matin. Beaucoup de bruits différents coururent sur les causes de sa mort. On a surtout beaucoup parlé d'un chirurgien anglais. Je dois à la vérité de dire que ce chirurgien, le seul de cette nation qu'il y eût dans l'armée du Roi, n'a jamais pansé Zumalacarregui blessé. Celui qui lui donnait ses soins est un chirurgien navarrais, et ami du général, qui était assisté d'un autre, jouissant d'une grande réputation, que nous avions fait prisonnier quelque temps auparavant.

Zumalacarregui n'est point mort de sa blessure. Ceux qui ont eu le bonheur de connaître ce héros, partagent sur ce point mon opinion. Excessivement vif, d'un tempéramment sanguin, vivant depuis long-temps de la vie la plus active, une fièvre cérébrale, effet de son entière inaction, l'a précipité dans la tombe.

Le 29 juin l'on commença à retirer les pièces d'artillerie, et, le 1er. août, le siége fut levé. Ce même jour toutes les troupes christines réunies à Portugalette entrèrent sans éprouver la moindre résistance à Bilbao. Pendant tout le temps que dura leur entrée nous restâmes formés à cinq minutes du pont neuf, près de l'embranchement des deux routes de Vittoria et de Durango ; nous nous retirâmes dans cette dernière ville, après avoir attendu long-temps qu'ils sortissent de Bilbao pour nous attaquer.

Zumalacarregui étant mort, Charles V se mit à la tête de l'armée. Moreno, arrivé depuis peu de France, où il avait expié par trois mois de prison l'usage d'un faux passeport, fut nommé chef d'état-major, et Eraso eut le commandement de la Navarre. Dans l'armée de Christine, Valdès, qui avait promis beaucoup plus qu'il n'avait tenu, puisqu'il s'était laissé battre comme ses prédécesseurs, fut remplacé par Cordova, qui arriva le 4 à Bilbao, pour prendre le commandement, par intérim, des troupes qui s'y trouvaient réunies.

XXIII.

Mise du siége devant Puente-la-Reyna. — Mort du colonel Reyna.— Action du 16 avec Cordova.—Éclatante vengeance d'un infâme guet-apens tendu par un bataillon christino à une compagnie.—Mort du commandant Pradelles.—Dangers du Roi dans cette action. — La petite ville de Mañeru est livrée au pillage. — Effet sur les volontaires de l'arrivée de la division auxiliaire anglaise. — Bénédiction d'un drapeau à Estella. — Il est remis au brave Reyna, commandant le 4e. escadron de Navarre.—Départ de l'expédition de Catalogne ;—Son effectif.

Eraso, à la tête de quelques bataillons, vint, le 4 juillet, mettre le siége devant Puente-la-Reyna, et dès le lendemain le bombardement des forts commença. Le génie du malheureux Reyna se montrait de plus en plus grand ; toutes les bombes qu'il pointait lui-même portaient dans les batteries ennemies, dont le feu allait toujours décroissant. Les généraux christinos avaient, de leur côté, réuni toutes leurs forces, qui s'avançaient sous le commandement de Cordova. Mais en même temps Moreno, à la tête des autres bataillons carlistes, concentrait ses forces pour empêcher le mouvement de Cordova. Le 14 juillet, les assiégés se voyant vivement inquiétés par nos batteries, tentèrent un coup de main, qui nous priva du vaillant colonel Reyna. Ils avaient pratiqué un chemin couvert dont nos soldats ne s'étaient nullement aperçus, et, au moment où l'on s'y attendait le moins, ils apparaissent dans la batterie; Reyna dans ce moment pointait un mortier. Les artilleurs fuient, mais Reyna avec deux autres officiers devient victime de sa confiance dans la loyauté des christinos; « nous nous » rendons, dit-il, nous sommes vos prisonniers. » On lui donne à peine le temps d'achever sa phrase. Ils sont, lui et ses camarades, horriblement massacrés à coups de baïonnettes. La compagnie chargée de soutenir la batterie, fut bien vîte formée en ordre. On courut à la baïonnette sur les christinos, qui se disposaient à emmener l'artillerie. Obligés de lâcher bien vîte les pièces qu'ils enlevaient, ils tentèrent cependant de les enclouer, mais le temps ne leur en fut point laissé. Deux de ces assassins furent massacrés sur le corps tout mutilé et défiguré du vaillant Reyna, et cinq minutes après les pièces remises en place faisaient feu sur les forts. La mort de Reyna fut généralement et vivement sentie, car tout volontaire savait qu'il était le créateur de notre artillerie; aussi, l'avions-nous surnommé le Zumalacarregui de cette arme. Son corps fut enseveli, avec tous les honneurs qui lui étaient dûs, dans l'église d'un village près Puente-la-Reyna.

Indignés de l'attentat commis par la garnison de Puente-la-Reyna, en dépit du traité ou stipulation convenue entre Valdès et Zumalacarregui, nous jurâmes sur la tombe de Reyna de venger sa mort. L'occasion nous en fut bientôt offerte.

En effet, le 16 juillet, toutes les forces réunies de Cordova s'approchèrent de Mendigorria, au nombre de 28 bataillons. Les carlistes n'en avaient que 14 à leur présenter, mais ils se décidèrent, malgré leur infériorité en nombre, à ne point refuser le combat. Dès le début de l'action, 100 soldats environ de la garde passèrent dans nos rangs. Dans le même moment, un bataillon entier vint à nous en criant *vive Charles V!* et la crosse du fusil en l'air. Nous crûmes d'abord qu'ils allaient imiter l'exemple de leurs camarades; aussi, le capitaine commandant notre première guérille ordonna à ses soldats de ne point faire feu, et s'avança lui-même au devant de ceux qu'il regardait comme des amis. Il fut victime de sa crédulité et de son imprudence, car, à un signal donné par le commandant du bataillon, il tomba percé de coups. Les soldats de Christine fondirent ensuite au pas de charge sur la guérille, espérant que la perte de son capitaine la mettrait en désordre; mais ils se trompèrent; la lutte, quoique grandement inégale, fut soutenue par cette valeureuse compagnie avec un courage, pour ne pas dire une fureur, qui laissa au 3me. bataillon de Navarre et à deux escadrons le temps d'arriver sur le champ de bataille. Antero et Tomas

Reyna, ce dernier, frère du colonel d'artillerie si indignement massacré deux jours avant, commandaient ces deux escadrons. Reyna, qui venait seulement d'apprendre la mort de son frère, se promit de le venger, et Antero seconda dignement l'élan de sa légitime vengeance.

Dans moins d'un quart d'heure plus de 200 hommes du bataillon coupable de cet infâme guet-apens furent tués, une soixantaine faits prisonniers, et le reste ne dut son salut qu'à un ravin, que la cavalerie ne put franchir, et dont l'autre côté allait être occupé par le gros de l'armée, qui s'avançait en ligne de bataille. Nous aurions pu être tournés, et les positions que nous occupions ne nous offraient quelqu'avantage que tout autant que l'ennemi ne parviendrait pas à passer la rivière vers notre gauche.

Cordova, qui n'ignorait pas le point faible de notre position, fit attaquer par une grande partie de ses forces les compagnies chargées de défendre ce passage. Un combat meurtrier, dans lequel l'ennemi perdit beaucoup plus de monde que nous, s'engagea sur ce point; mais nos soldats durent battre en retraite. Moreno, instruit que ce passage avait été forcé, désespérant de voir arriver à temps 6 bataillons qui avaient reçu l'ordre de le rejoindre, craignant encore que la retraite ne lui fut coupée, ordonna de suite un mouvement rétrograde, chargeant le 3me. de Navarre et le 3me. de Castille de le protéger. Ces deux bataillons accomplirent leur critique mission avec une bravoure incroyable; tous les deux eurent leur commandant blessé sur le champ de bataille. Pradelles, français, commandant du 3me. de Castille, dangereusement blessé, fut pris par la cavalerie ennemie, et conduit à Puente-la-Reyna, où il mourut au bout de quelques jours. Sagastibelza fut aussi blessé.

En cette circonstance encore, l'ennemi ne sut point tirer profit de l'avantage qu'il avait obtenu sur nous dans cette action. Fort heureusement il s'abstint de nous poursuivre, car, s'il l'eût fait, le Roi aurait couru le plus grand danger d'être pris. Lorsque la cavalerie ennemie chargea, Sa Majesté était de l'autre côté du pont avec son aumônier, qui reçut une balle dans ses habits.

Pour compléter sans doute son insignifiant succès de la veille, Cordova livra le lendemain au pillage la petite ville de Mañeru, distante de Puente-la-Reyna de trois quarts d'heure, dont les habitants furent accusés d'avoir secouru les blessés carlistes. Le siége de Puente-la-Reyna fut levé, et le chef christino annonça officiellement notre entière déconfiture.

Cent prisonniers que nous avions faits, furent emmenés, et autant de soldats passèrent dans nos rangs pendant cette action. Le nombre de leurs morts et de leurs blessés doubla celui de nos pertes.

Ce même jour, nous nous retirâmes dans les environs d'Estella, où nous attendîmes en vain Cordova, que nous supposions disposé à profiter de sa victoire. Nous profitâmes de ce repos inattendu pour nettoyer nos armes.

Le bataillon de guides d'Alava se trouvait à Estella pendant que l'armée occupait les nombreux villages environnants, où l'ennemi n'entreprenait point de nous inquiéter. Chaque jour des christinos déserteurs se présentaient à nos avant-postes.

Le débarquement de la légion auxiliaire anglaise, sous les ordres d'Evans, sur les côtes d'Espagne, commença à s'effectuer, et c'est ce dont nous fûmes instruits par un bulletin officiel que le Roi lui-même adressa à l'armée. Cette nouvelle ne produisit sur l'esprit du soldat d'autre effet que celui d'accroître son ardeur. Ce temps de repos fut employé à une nouvelle organisation de l'armée et à la formation de nouveaux bataillons dans les quatre provinces.

Le 1er. août, Torrès, remis de sa blessure, me prévint de me tenir prêt à partir le lendemain avec environ 200 guides pour Estella, où le Roi devait remettre, au 4me. escadron de cavalerie, commandé par Reyna, l'étendard qu'avait brodé la princesse de la Beira. Cet escadron était bien digne de cette honorable distinction; sa belle conduite dans l'action de Mendigoria prouvait qu'on ne pouvait pas le confier en des mains qui en fussent plus dignes.

Le 2, à 9 heures du matin, le Roi, accompagné du comte de Villemur et de tout son état-major, se rendit dans l'église d'Estella en grand uniforme de général, traversant les flots des peuples accourus pour assister à cette solennelle cérémonie, et remplissant l'air de leurs acclamations. Après une grand'-messe en musique, la bénédiction du drapeau et un solennel *Te Deum*, Reyna paraît au milieu du sanctuaire, et, un genou en terre, reçoit des mains du Roi, qu'il arrose de ses larmes, l'étendard, aux armes de la Reine du monde que S. M. invoque comme la protectrice spéciale de sa juste cause. En un instant, les voûtes retentirent des cris de foi et de dévouement, mille fois répétés, des nombreux spectateurs.

La musique annonce la sortie du Roi; aussitôt la foule se précipite de nouveau sur son passage. Les corps réunis à Estella, rangés en bataille après cette cérémonie, défilent devant cet étendard, et jurent de le défendre jusqu'à la mort.

Le 5, on commença à parler, mais vaguement, d'une expédition pour l'Aragon et la Catalogne. Je ne tardai pas à avoir la certitude que le bataillon de guides en faisait partie. Quelques jours après le brigadier Guergué se mit à la tête de l'expédition, composée de deux bataillons, celui de guides, commandé par Torrès, et le 1er. de Castille, commandé par O'Donnel, et d'un escadron de cavalerie. Nous prîmes la route du Bastan, où nous fûmes rejoints par le 7me. et le 9me. de Navarre, et plus tard, sur les frontières d'Aragon, par la *partida* d'el Rojo de San-Vicente (Cordoue). Cette division se composait d'environ 3,500 hommes.

XXIV.

Un dernier mot sur Zumalacarregui.

Je ne terminerai point cet essai historique sans ajouter quelques réflexions détachées sur le noble caractère du héros navarrais, que le ciel semble avoir suscité pour apprendre au monde ce que peut un homme à volonté ferme, combattant pour la cause de Dieu, de son Roi et de son pays.

Zumalacarregui était d'une taille ordinaire et d'une constitution forte; ses grands yeux noirs étaient empreints du caractère de la vivacité. Autant son regard était terrassant dans les moments de mauvaise humeur, autant il était doux dans les moments de gaieté. Ses cheveux étaient noirs, et ses favoris s'unissaient à ses moustaches tombantes. Il portait la tête légèrement penchée vers son épaule droite, un peu plus relevée que l'autre.

Des hommes, qui ignoraient ou affectaient d'ignorer la conduite atroce des christinos, accusèrent Zumalacarregui de cruauté dès le principe de la guerre. Les faits parlent plus haut que toutes les paroles. Aussi, l'opinion publique a-t-elle depuis long-temps fait justice de cette calomnie. Est-il en effet une seule exécution ordonnée par Zumalacarregui qui ne fût une nécessité, toujours cruelle pour son cœur ; et lorsque le droit d'user de représailles l'autorisait à passer par les armes le christino prisonnier, les barbares tortures que les christinos appelaient les *agonies du supplice* n'ont jamais précédé l'exécution. Citera-t-on un seul exemple, si connu chez les christinos, d'un condamné mutilé encore vivant, et traîné après la mort dans les rues d'une ville par de furieux anthropophages. Loin d'autoriser des barbaries qu'il aurait regardées comme une tache à la noble cause qu'il défendait, Zumalacarregui ordonnait qu'on dérobât avec grand soin au regard du condamné les apprêts de son supplice ; et un jour il ordonna qu'on passât par les armes un sergent de grenadiers du 3me. bataillon, parce qu'il avait tué à coups de hache deux carabiniers prisonniers, qui probablement auraient été fusillés. N'est-ce point Zumalacarregui qui a toujours proposé le premier aux généraux christinos de rendre moins barbare cette guerre, dont ils faisaient une guerre d'extermination ? N'est-ce point encore lui qui le premier a signé la convention de lord Elliot ?

Si Zumalacarregui sut inspirer une terreur si grande aux généraux et aux soldats d'Isabelle, il sut obtenir l'amitié et l'entier dévouement des volontaires, pour qui il était un objet de religieuse vénération. Il avait acquis cet immense ascendant sur l'esprit des officiers et des soldats par son invariable équité ; sévère à l'égard de celui qui manquait à son devoir, il se montrait généreux dans les récompenses, qu'il accordait toujours à celui qui le remplissait avec zèle. Le trait suivant va apprendre combien il tenait à l'entier accomplissement de ses ordres.

Dans le mois de décembre 1834, il reçut une lettre d'Echarri-Aranaz, écrite par un officier nommé Mansano, lieutenant du régiment provincial de Bugalence. Dans cette lettre, cet officier lui disait, qu'étant de garde, dans la nuit il lui livrerait la grande porte de la caserne. Zumalacarregui désigna de suite quatre compagnies pour entrer et s'emparer de la place. Avant de marcher, il réunit les capitaines de ces quatre compagnies, la mienne était du nombre; et, après avoir désigné à chacun ce qu'il devait faire, il promit une forte récompense si on exécutait ses ordres, et menaça d'une punition si on y manquait. Les trois autres capitaines étant plus anciens que moi, durent marcher les premiers. Les deux premières compagnies devaient entrer de front, par la porte une fois ouverte, et se porter de suite dans les chambres; les deux autres devaient se diriger sur l'artillerie. Zumalacarregui avait expressément défendu de faire feu, et avait, pour assurer le résultat de cette défense, donné ordre de faire décharger les armes, ordre qui ne fut point exécuté. A l'heure convenue nous étions déjà dans une des rues de la ville, et nous attendions le signal pour nous diriger vers la porte. Il ne tarda pas à se faire entendre, et l'officier qui livrait la place, fit aussitôt sortir sans armes les hommes de sa garde, sous prétexte d'un service particulier. Plusieurs d'entr'eux étaient dans le secret.

A peine étaient-ils en dehors de la porte, que les nôtres, croyant à une trahison, firent feu, en se précipitant sur eux, et tuèrent un officier, frère de celui même qui livrait la caserne. Ceux-ci, effrayés, rentrèrent de suite et fermèrent sur eux la porte de la citadelle. Nous dûmes nous retirer et amener avec nous Mansano, qui eut à regretter la mort de son frère. Lorsqu'on tira ces coups de fusil, je me trouvais à côté de Zumalacarregui, qui ne savait qu'en penser, tant il était éloigné de supposer que ses ordres n'avaient pas été exécutés. « Allez, me dit-il, » voir ce que c'est. » Je fis avancer ma compagnie. Nous arrivâmes à la porte qu'avaient déjà abandonnée les deux compagnies envoyées les premières. Un grand bruit commençait à se faire entendre dans la caserne, et déjà les coups de fusil nous avertissaient que les soldats de la garnison étaient sur leur garde. Zumalacarregui voyant que les tentatives avaient échoué, fit battre la retraite, et nous nous retirâmes, emportant l'officier tué, et emmenant avec nous Mansano et deux soldats, trop compromis pour rester dans la caserne. Nous eûmes, en nous retirant, à supporter un feu très-vif que l'ennemi nous fit de la citadelle. Notre perte ne s'éleva pas au-delà d'un mort et de deux ou trois blessés. Lorsque nous eûmes réussi à nous abriter derrière les maisons, le lieutenant Mansano s'approcha de moi : « Comment, » me dit-il, a-t-on été si imprudent ? et mon frère, que » deviendra-t-il ? » Je lui dis alors que nous avions vu un officier christino mort ; aux signes que je lui fournis, il reconnut son frère. Nous nous dirigeâmes vers les Amescuas. Arrivés à la venta d'Urbassa, qui se trouve au milieu de la plaine formant le plateau de la montagne en dessus d'Echarri-Aranaz, nous trouvâmes les bataillons, que Zumalacarregui fit de suite réunir : ensuite, en leur présence, comparurent les deux capitaines, qui furent chassés de l'armée, après avoir reçu les plus vifs reproches. Cette sévère punition était un exemple à fournir à une armée qu'il fallait discipliner. Prenant ensuite les 20 premiers soldats qui devaient entrer dans la caserne, pour les punir de ce que l'on n'avait point exécuté ses ordres, il les fit tirer au sort, et deux furent fusillés. Je dois dire ici que les deux capitaines dégradés demandèrent quelques jours après à servir comme soldats, pour prouver que la lâcheté n'était pour rien dans la non réussite du projet dont l'exécution leur avait été confiée. Zumalacarregui le leur accorda, et leur bravoure dans plusieurs actions leur valut, non-seulement la réintégration dans leur emploi, mais encore un avancement justement mérité. L'un d'eux, aujourd'hui commandant, a été blessé trois fois à la tête de son bataillon.

Le même jour, nous nous dirigeâmes sur Amunarez ; les troupes attendaient les billets de logement, formées sur la place, lorsqu'une forte pluie, survenue tout-à-coup, occasionna un vrai brouhaha dans les rangs des soldats, qui, pour la plupart, pressés de se mettre à l'abri, rentrèrent pêle-mêle dans les maisons voisines. Zumalacarregui, qui avait entendu ce bruit et qui en ignorait la cause, se mit à la fenêtre, et c'en fut assez. Il fit venir aussitôt les commandants des troupes, à qui il fit d'amers reproches sur ce que les soldats n'étaient pas encore logés. Les commandants répondirent qu'il n'y avait pas de leur faute, et que ce retard provenait de ce que l'*aposentador* (nom que l'on donne à celui qui est chargé de faire faire les billets de logement) ne s'était pas encore présenté. L'aposentador, mandé devant le général, reçut de lui une forte réprimande sur son peu d'exactitude. Jugeant qu'il y avait de sa faute dans le retard qu'avait éprouvé la distribution des billets de logement, Zumalacarregui l'envoya à la *prévention* (prison du camp). L'aposentador venait à peine de quitter le général, que celui-ci envoya un aide-de-camp s'assurer s'il était rendu à la prévention, avec l'ordre de lui jeter un plein seau d'eau sur la tête. L'aide-de-camp le fit. Zumalacarregui envoya alors chercher le pauvre diable d'aposentador, qui parut dans un état assez piteux. « Voilà, lui » dit le général, comment sont, par votre faute, mes » soldats. » Dès ce jour son emploi lui fut enlevé.

Habile administrateur, il employait le temps que lui laissaient les opérations militaires, à veiller au bien-être du soldat. Voulant tout voir par lui-même, il assistait très-souvent aux distributions que l'on faisait à la troupe. Les capitaines pouvaient s'attendre à de sévères reproches s'il rencontrait quelque soldat dans leur compagnie dont la chaussure fût en mauvais état; nos courses continuelles faisaient atta cher la plus haute importance, à cette partie du fourniment.

Toujours le premier au feu, il était le dernier dans la retraite, et si un instant le désordre se mettait dans nos rangs, un seul mot de lui ralliait les fuyards et ranimait le courage. Combien de fois n'ai-je pas vu les soldats effrayés se rassurer lorsque ces seuls mots : *El tio Tomas* (l'oncle Thomas) parvenait à leurs oreilles, et c'est ainsi qu'en un instant la joie succédait à la tristesse, et l'intrépidité à la démoralisation. Zumalacarregui était à voir lorsque, dans les courses, il traversait les rangs de ses braves : toujours il avait à dire un mot agréable et flatteur à celui qu'il avait vu valeureux sur le champ de bataille ; car sa mémoire prodigieuse lui faisait toujours reconnaître le brave qui s'était rendu digne d'un de ses regards.

Le vol, comme la désertion, étaient punis avec la plus grande sévérité ; et c'est à cette discipline sévère que nous devions l'accueil que le paysan faisait toujours aux volontaires. La sécurité des habitants était telle, que lorsque nous arrivions dans les villages, ils s'empressaient de mettre à la disposition du soldat tout ce qui était dans la maison ; et les soldats, reconnaissants, se rendaient utiles comme au sein de leur propre famille. Si, par extraordinaire, un paysan avait à se plaindre d'un volontaire, il n'avait qu'à prononcer le nom de *tio Tomas,* et le volontaire rentrait dans l'ordre.

Zumalacarregui dormait excessivement peu, et encore son sommeil était-il continuellement interrompu par l'arrivée des nombreux espions qu'il chargeait d'observer les mouvements de l'ennemi.

L'éloge de Zumalacarregui est tout entier dans ce qu'il a fait. Quoiqu'à la tête seulement d'une armée dix fois moindre que celle qu'il avait à combattre, il a vaincu Saarsfield, Valdès, Quesada, Rodil, Mina, Lorenzo, Cordova, Oráa, Jauregui, Espartero, Osma, etc., avant à leurs ordres la population d'Espagne, appuyée par les gouvernements d'Angleterre et de France. Depuis le 3 mai 1835 jusqu'au 11 juin de la même année, Zumalacarregui a fait 4,620 soldats et 142 officiers prisonniers, pris 93 chevaux et 20 pièces d'artillerie.

IL A LAISSÉ, POUR TOUTE FORTUNE,
12 ONCES ET **4** CHEVAUX.

PIÈCES JUSTIFICATIVES.

I

PRAGMATIQUE-SANCTION,

OU DÉCRET ROYAL QUI FIXE L'ORDRE DE SUCCESSION A LA COURONNE D'ESPAGNE, DONNÉ AU PALAIS LE 29 MARS 1830.

Don FERDINAND VII, par la grâce de Dieu, roi de Castille et de Léon, etc.,

Aux infants, prélats, ducs, marquis, comptes, *ricos-hombres*, prieurs, commandeurs des ordres et sous-commandeurs, alcades de Castille, etc., et tous autres juges ou juridictions, ministres et personnes de toutes les villes et bourgs de mes royaumes et seigneuries, tant à présent qu'à l'avenir, sachez :

Que dans les cortès qui se tinrent en 1789 en mon palais de Buen-Retiro, on s'occupa, *sur la proposition du Roi* mon auguste père, qui est dans les cieux, de la nécessité et de la convenance de faire observer la méthode régulière établie par les lois du royaume et par la coutume immémoriale pour la succession à la couronne d'Espagne, en préférant l'aîné au cadet, et le mâle à la femme dans les lignes respectives, selon leur ordre; et ayant pris en considération les biens immenses que la monarchie avait retirés de son observation pendant l'espace de plus de sept cents ans, ainsi que les motifs et circonstances éventuels qui contribuèrent à la réforme décrétée par acte du 10 mai 1713, ils présentèrent à ses royales mains une pétition datée du 30 septembre 1789, en rappelant le grand bien qui était résulté pour ce royaume, dès avant l'époque de l'union des couronnes de Castille et d'Aragon, de l'ordre de succession spécifié en la loi 2, titre 15, 2e partie, et le suppliant de vouloir bien, sans égard pour l'innovation établie par l'acte ci-dessus cité, ordonner qu'on observât et qu'on gardât perpétuellement, dans la succession à la monarchie, ladite coutume immémoriale, comme elle avait toujours été gardée et observée, et de faire publier une pragmatique-sanction comme faite et formée en assemblée de cortès, qui établit cette résolution et dérogation à l'acte cité ci-dessus.

Ayant reçu cette pétition, mon auguste père prit le parti que demandait le bien du royaume, en répondant au rapport dont la junte des assistants de cour, gouverneur et ministres de ma royale chambre de Castille, avaient accompagné la pétition des cortès : « Qu'il avait « pris une résolution conforme à ladite supplique. » Mais il leur recommanda de garder pour le moment le plus grand secret, parce qu'il le jugeait utile à son service, et dans le décret dont il est question, « il ordonnait à

» son conseil d'expédier la pragmatique-sanction d'usa-» ge en pareil cas. » Ayant égard à cette circonstance, les cortès envoyèrent à la voix réservée copie certifiée de ladite supplique et de tout ce qui s'y rapportait, et l'on publia le tout dans l'assemblée, avec la réserve conditionnelle.

Les troubles qui agitèrent alors l'Europe, et ceux que la Péninsule éprouva depuis, ne permirent pas l'exécution de ces importants desseins, qui demandaient des jours plus sereins. Ayant, avec l'aide de la miséricorde divine, heureusement rétabli la paix et l'ordre dont mes peuples chéris avaient si grand besoin, après avoir examiné cette grave affaire, et ouï l'avis des ministres zélés pour mon service et le bien de l'État, par mon royal décret du 26 de ce mois, j'ai ordonné que, sur le vu de la pétition originale et de la résolution prise à ce sujet par mon bien-aimé père, et de la certification des premiers écrivains des cortès qui accompagnaient ces documents, on publiât immédiatement la susdite pragmatique en forme voulue.

L'ayant publiée dans mon conseil général avec l'assistance de mes deux fiscaux, qui ont été entendus *in voce* le 27 du même mois, on y résolut de lui donner le complément, en l'expédiant avec force de loi et pragmatique-sanction comme faite et promulguée en assemblée des cortès. En conséquence, j'ordonne qu'on observe, garde et accomplisse à perpétuité le contenu littéral de la loi 2, titre 15, 2e partie, conformément à la pétition des cortès assemblées dans mon palais de Buen-Retiro, en 1789, et dont le texte littéral suit :

« L'avantage de naître le premier est une très-grande » marque d'amour que Dieu donne aux fils des rois qui » doivent avoir d'autres frères. Celui à qui il veut faire » cet honneur domine les autres, qui doivent lui obéir » et le regarder comme leur père et seigneur. Que cela

» soit vrai, c'est ce que prouvent trois raisons : la pre-
» mière selon la nature ; la seconde selon la loi, et la
» troisième selon la coutume : 1° selon la nature, car le
» père et la mère desirent ardemment avoir lignage qui
» hérite de ce qui leur appartient, et celui qui naît le
» premier et qui arrive le plus à propos pour remplir ce
» qu'ils desirent, doit, par conséquent, être plus aimé
» d'eux, *et il doit l'être ;* 2°. selon la loi, car notre Sei-
» gneur-Dieu dit à Abraham, lorsqu'il lui ordonna, pour
» l'éprouver, de prendre Isaac, son unique fils, qu'il
» aimait beaucoup, et de l'immoler pour l'amour de lui ;
» et il dit cela pour deux raisons : la première, parce
» que celui-là était le fils qu'il aimait comme lui-même,
» pour ce que nous avons dit plus haut ; et la seconde,
» parce que Dieu l'avait choisi pour saint lorsqu'il vou-
» lut qu'il naquît le premier ; et c'est pour cela qu'il lui
» en fit le sacrifice ; car, d'après ce qu'il dit à Moïse dans
» la loi ancienne, tout mâle qui naîtra le premier sera
» appelé chose sainte de Dieu ; que les frères doivent le
» regarder comme leur père ; cela se démontre, parce
» qu'il est plus âgé qu'eux, et qu'il est venu le premier
» au monde, et qu'on doit lui obéir comme à son sei-
» gneur ; cela se prouve encore par les paroles qu'Isaac
» dit à Jacob, son fils, lorsqu'il lui donna sa bénédic-
» tion, croyant qu'il était l'aîné : Tu seras seigneur de tes
» frères, et les enfants de ton père se tourneront vers
» toi, et celui que tu béniras sera béni, et celui que tu
» maudiras, la malédiction tombera sur lui. Ainsi donc,
» par toutes ces paroles, on donne à entendre que le fils
» aîné a le pouvoir sur ses autres frères, comme père
» et seigneur, et qu'il doivent le regarder comme tel.
» De plus, d'après l'ancienne coutume, les pères *ayant*
» *communément pitié* des autres enfants, ne voulurent
» pas que l'aîné eût tout, mais que chacun d'eux eût sa
» part. Néanmoins, les hommes sages et savants dans

» les affaires de succession reconnaissent que la répar-
» tition ne pouvait pas avoir lieu en ce qui concerne les
» royaumes, à moins de vouloir les détruire, d'après ce
» que dit notre seigneur Jésus-Christ, que tout royaume
» partagé serait ravagé, considérant comme de droit que
» la seigneurie ou royaume doit échcoir uniquement au
» fils aîné, après la mort de son père.

» Et cela a toujours été mis en usage dans tous les
» pays du monde où l'on eut la seigneurie pour lignage,
» et principalement en Espagne ; c'est afin d'éviter plu-
» sieurs maux qui arrivèrent et qui pourraient arriver en-
» core, qu'on fut d'avis que la seigneurie du royaume
» serait toujours l'héritage de ceux qui viendraient en
» ligne droite ; et c'est par cette raison qu'on établit que,
» s'il n'y avait pas d'enfants mâles, la fille aînée hérite-
» rait du royaume, et qu'on ordonna encore que, si le
» fils aîné venait à mourir avant d'hériter, s'il laissait,
» de sa femme légitime, un fils ou une fille, que le pre-
» mier et ensuite la seconde l'auraient, et non aucune
» autre personne ; mais si tous ceux-là venaient à mou-
» rir, le royaume devrait être l'héritage du parent le plus
» prochain, s'il était homme capable, et s'il n'avait rien
» fait pour perdre cet héritage. Ainsi donc, par toutes
» ces choses, le peuple est obligé de regarder le fils du
» roi comme son souverain, pour le bien véritable du
» royaume. C'est pourquoi quiconque agirait en opposi-
» tion de ce qui vient d'être dit ci-dessus, serait traité
» comme traître, et, comme tel, il recevrait la punition
» dont sont passibles, d'après l'usage, ceux qui mécon-
» naissent le pouvoir du roi. »

En conséquence, je vous mande à tous....

Donné au palais, le 29 mars 1830. MOI, LE ROI.

2

NOUVEAU DÉCRET DU ROI D'ESPAGNE QUI ABOLIT LA LOI SALIQUE.

Du 31 décembre 1832.

Mon esprit royal ayant été surpris dans les moments d'agonie où me conduisait la grave maladie dont m'a sauvé, d'une manière prodigieuse, la miséricorde divine, j'ai signé un décret dérogeant à la pragmatique-sanction du 29 mars 1830, déjà arrêté par mon auguste père, à la demande des cortès de 1789, pour rétablir la succession régulière à la couronne d'Espagne.

Le trouble d'une situation dans laquelle il semblait que la vie allait m'abandonner, indiquerait assez le manque de délibération de cet acte, si la nature et ses effets ne le manifestaient pas.

En qualité de roi, je ne pourrais détruire les lois fondamentales du royaume, dont j'avais publié le rétablissement; et, comme père je ne pourrais, avec ma volonté libre, dépouiller mes descendants de leurs droits augustes et légitimes.

Des hommes déloyaux ou trompés environnèrent mon lit, et, abusant de mon amour et de celui de ma chère épouse pour les Espagnols, augmentèrent son affliction, ajoutèrent à la douleur de ma situation, en assurant que le royaume tout entier était opposé à l'observation de la pragmatique, et me peignant les torrents de sang et de désolation universelle qui s'ensuivraient si elle n'était pas abolie.

Cette déclaration atroce, faite dans des circonstances au milieu desquelles c'est un devoir plus sacré d'annoncer la vérité, pour les personnes les plus obligées de me la dire, et lorsque je n'avais ni le temps ni la faculté de la vérifier, consterna mon esprit fatigué, et absorba ce qui me restait d'intelligence, pour ne penser à autre chose qu'à la paix et à la conservation de mes peuples, faisant autant qu'il était en moi, comme je le dis dans le même décret, ce sacrifice à la tranquillité de la nation Espagnole.

La perfidie acheva l'horrible trame commencée par la séduction, et, dans ce jour, se répandirent des certificats de ce qui avait été fait, avec l'insertion du décret, brisant déloyalement le sceau que j'avais ordonné de respecter jusqu'après ma mort.

Instruit maintenant de la fausseté avec laquelle on a calomnié la loyauté de mes chers Espagnols, toujours fidèles à la descendance de leur roi; bien persuadé qu'il n'est ni en mon pouvoir, ni dans mes desirs, de déroger à la coutume immémoriale de la succession établie par les siècles, sanctionnée par la loi, justifiée par les illustres héroïnes qui me précédèrent sur le trône, et sollicitée par le vote unanime du royaume; libre dans ce jour de l'influence de la contrainte de ces funestes circonstances, je déclare solennellement, de ma pleine volonté et de mon propre mouvement, que le décret signé au milieu des angoisses de ma maladie, m'a été arraché par surprise; que ce fut un effet des fausses terreurs dont on a assailli mon esprit; qu'il est nul et de nulle valeur, étant opposé aux lois fondamentales de la monarchie, et aux obligations qui me sont imposées comme roi et comme père, envers mon auguste descendance.

3.

LETTRE ET PROTESTATION DE DON CARLOS.

Mon très-cher frère,

Ce matin, à dix heures, mon secrétaire Plazaola est venu me dire que Cordova, ton ministre à cette cour, desirait savoir quand il me conviendrait de recevoir communication d'un ordre royal. Je lui ai fait répondre que midi serait pour cela l'heure la plus propre. Il est revenu quelques minutes avant une heure, et je l'ai reçu sur-le-champ. Il m'a présenté ce document officiel que j'ai lu, après quoi je lui ai dit que ma dignité et mon caractère ne me permettaient de répondre que directement; que tu étais mon roi et mon seigneur, et en outre mon frère, un frère bien-aimé que j'ai eu le bonheur d'accompagner dans toutes ses disgrâces.

Tu desires savoir si j'ai l'intention ou non de prêter serment de fidélité à ta fille, comme princesse des Asturies. Je n'ai pas besoin de dire combien je desirerais prêter ce serment : tu me connais, tu sais que mes paroles partent du fond de mon cœur. Rien ne me serait plus agréable que d'être le premier à reconnaître ta fille et à t'épargner tous les chagrins et tous les embarras que mon refus pourrait t'occasionner. Mais ma conscience et mon honneur ne le permettent pas. Je possède des droits si sacrés, que je ne saurais m'en dépouiller; des droits que Dieu m'a donnés quand il lui a plu de me faire entrer dans la vie, et que Dieu seul peut m'ôter en te donnant un fils; ce que je desire peut-être plus que tu ne le desires toi-même. D'ailleurs, je défends en ceci les droits de tous ceux qui sont appelés après moi; c'est pourquoi je me crois obligé de te transmettre la déclaration ci-jointe, que je t'adresse de la manière la plus solennelle, à toi et à tous les souverains, à qui j'espère que tu la communiqueras.

Adieu, mon cher frère; tu ne dois pas douter que je te serai toujours dévoué, et que ton bonheur sera toujours l'objet de ton affectionné frère.

Signé CARLOS.

4.

DÉCLARATION.

Moi, Carlos-Maria-Isidor de Borbon y Borbon, infant d'Espagne, bien convaincu des droits légitimes que je possède à la couronne d'Espagne, si je survis à Votre Majesté, et qu'elle ne laisse point d'héritier mâle, je dis que ma conscience et mon honneur ne me permettent pas de jurer ou de reconnaître d'autres droits que ceux-là.

Au seigneur notre roi,

Son affectionné frère et fidèle vassal,

Signé l'infant don CARLOS DE BORBON Y BORBON.

Au palais de Ramalhao, le 29 avril 1833.

5.

RÉPONSE DU ROI FERDINAND A SON FRÈRE DON CARLOS.

Madrid, le 6 mai 1833.

Mon très-cher frère Carlos,

Je n'ai jamais douté de ton affection pour moi; j'espère que tu ne doutes pas davantage de celle que j'ai pour toi; mais je dois veiller aux intérêts de mes droits, à ceux de mes filles, de même qu'à ceux de ma couronne. Je ne veux pas non plus faire violence à ta conscience en te faisant renoncer à tes *prétendus droits*, que tu crois que Dieu seul peut t'ôter, quoiqu'ils ne soient fondés que sur la décision des hommes. Mais l'affection fraternelle que j'ai toujours eue pour toi, me décide à t'éviter les dégoûts que tu éprouverais dans un pays où tes droits sont méconnus. Mes devoirs de roi m'obligent à éloigner la présence d'un infant dont les prétentions pourraient servir de prétexte d'inquiétude aux mécontents. Des raisons de la plus haute politique, les lois du royaume qui l'ordonnent expressément, ta propre tranquillité qui m'est aussi chère que le bien de mes peuples, ne te permettant plus de retourner en Espagne, je t'autorise à te diriger, tout de suite, avec ta famille, vers les états pontificaux; tu me donneras avis de ton arrivée et du lieu que tu auras choisi pour y fixer ta résidence : un de mes bâtiments de guerre arrivera incessamment au port de Lisbonne pour y être à ta disposition. L'Espagne est indépendante de toute action et de toute influence étrangère en ce qui touche son administration intérieure, et j'agirais contre la libre et complète indépendance de ma couronne, en violant le principe de non-intervention adopté généralement par tous les souverains de l'Europe, si je leur faisais la communication que tu me demandes dans ta lettre.

MORT DU ROI FERDINAND.

A S. Exc. le duc de Hijar.

Monseigneur, au moment où nous avons annoncé à V. Exc. l'état dans lequel se trouvait hier le roi notre maître, on ne remarquait aucun changement notable, seulement l'état de débilité continuait, et ce matin nous avons observé que la main droite de S. M. était paralysée, et quoique ce symptôme parut se borner au bras, nous avons pourtant remarqué une abstraction funeste dans les poumons : nous avons alors appliqué des vésicatoires sur la poitrine, et deux autres aux extrémités inférieures, outre ceux qui, depuis quelques jours, avaient déjà été appliqués sur ces parties et sur la nuque. Nous sommes restés en observation auprès du chevet de S. M., et nous l'avons vu manger comme les jours précédents. Nous l'avons laissé en la compagnie de S. M. la reine, afin de le laisser un peu reposer, suivant sa coutume ; mais à trois heures moins un quart, une attaque d'apoplexie foudroyante a frappé S. M., qui, dans moins de cinq minutes, a terminé une existence si précieuse.

Pedro Castello; Manuel-Damian Perès.

Sébastien à so Travieso, le 29 septembre 1833.

DÉCRET ROYAL.

A trois heures un quart, cejourd'hui, il a plu à Dieu de rappeler à lui l'ame de notre cher et bien aimé époux, le roi Ferdinand, qui jouit de la béatitude céleste, et comme reine régente *(gubernadora)* durant la minorité de mon auguste fille, dona Isabelle II, j'en donne avis au conseil, avec la douleur que je ressens naturellement à la suite d'un si triste événement, afin que les mesures nécessaires en pareille circonstance soient prises.

Signé de ma main royale.

Adressé au duc président du conseil royal.

Au Palais, le 29 septembre 1833.

AUTRE DÉCRET.

Comme reine régente de ces royaumes durant la minorité de mon auguste fille, la reine dona Isabelle II, et afin que les affaires de l'état ne souffrent pas de la mort de mon cher et bien-aimé époux, monseigneur le roi Ferdinand, qui jouit de la béatitude céleste, je viens confirmer les secrétaires-d'état, MM. don Francisco de Zea-

Bermudez, don Jose de la Crux, le comte d'Ofalia, don Juan de Gualberto Gonzalès et don Antonio Martinez, dans leurs fonctions administratives, et j'ai pour entendu que ce soit : vous le communiquerez à qui de droit.

Ceci signé de la main royale.

Adressé à don Francisco Zea-Bermudez.

AUTRE DÉCRET.

Satisfaite de la bonne et loyale conduite des autorités du royaume, et desirant que les affaires de l'État ne souffrent pas de la mort de mon cher et bien-aimé époux, monseigneur le roi Ferdinand, qui jouit de la béatitude céleste, je viens, comme reine et régente, et au nom de ma chère fille la reine Isabelle II, confirmer toutes et chacune d'elles dans leurs fonctions respectives, et je leur ordonne de les continuer, en donnant la paix et rendant la justice à mes peuples, sur qui ils exercent le pouvoir ; j'ai pour entendu que ce soit : vous le communiquerez à qui de droit.

Ceci signé de la main royale.

Adressé au duc président du conseil royal.

Au palais, le 29 septembre 1833.

7

TESTAMENT DU ROI.

EXTRAIT DE LA GAZETTE DE MADRID DU 3 OCTOBRE 1833

DÉCRET ROYAL.

Chargée, par disposition de loi, du gouvernement de ces royaumes, au nom de mon auguste fille dona Isabelle II, j'ai jugé nécessaire d'expédier divers décrets à la date du 29 septembre, annonçant au conseil, pour qu'il prenne les mesures accoutumées en pareille circonstance, la mort de mon très-cher et aimé époux don Ferdinand VII, et confirmant dans leurs charges et emplois respectifs les ministres et toutes les autorités du royaume, afin de ne pas laisser interrompue l'expédition des affaires et l'administration politique et judiciaire. Le lendemain on a trouvé un pli fermé et scellé des armes royales, dont l'enveloppe annonçait que c'était le testament de mon dit auguste époux, fait à Aranjuez, le 12 juin 1830, en présence de don François Tadeo de Calomarde, alors secrétaire d'état du département de grâce et de justice, et grand notaire du royaume, et d'un nombre suffisant de témoins que leurs signatures annoncent être don Louis-Maria Salazar, don Lopez Ballesteros, don Miguel de Harrela, don Manuel Gonzalès Salmon, don François-Xavier Losada, don Juan Miguel de Grijalva et don Antonio-Martinez Salcedo. J'ordonnai que le ministre actuel de grâce et de justice, et grand notaire don Juan Gualberto Gonzalès, à qui je remis cette pièce, convoquât par mon ordre les témoins susdits qui se trouvaient à la cour, et que par don Ramon Lopez Pélegrin, ministre du conseil et chambre de Castille, en qualité de juge, et devant un officier royal compétent, il fût procédé dans les formes que le droit prescrit en pareil cas à la reconnaissance, ouverture et publication dudit testament. L'acte en étant faite en bonne forme dans le salon du palais où se tiennent les séances du conseil d'état, en présence des témoins en ce moment à Madrid, auxquels se sont adjoints le duc président du conseil royal, don Francisco de Zea Bermudez, premier secrétaire d'état et ministre des affaires étrangères; le duc Hijar, marquis d'Orani, grand chambellan, le marquis de Relgida, grand-écuyer, et le marquis de Valverde, majordome de la reine;

Lesquels ont reconnu que c'était bien réellement le testament du feu roi Ferdinand VII, signé et paraphé de sa main royale le 10 desdits mois et an; et entre autres clauses, avant celles qui ont pour objet des dons, legs et aumônes, après les actes généraux de foi, les recommandations de l'âme et les dispositions relatives aux funérailles, et autres relatives à la famille et à la maison royales, se sont trouvées les suivantes:

« Art. 9. Je déclare que je suis marié avec dona Maria-Christine de Bourbon, fille de don François Ier, roi des Deux-Siciles, et de ma sœur dona Maria-Isabelle, infante d'Espagne.

» 10. Si, au temps de mon décès, tous ou quelqu'un de mes enfants qu'il aura plu à Dieu de me donner se trouvent en bas âge, je veux que ma bien-aimée épouse dona Maria-Christine de Bourbon soit leur tutrice et curatrice.

» 11. Si le fils ou *la fille* qui devra me succéder à la

couronne n'a pas treize ans accomplis à l'époque de mon décès, je nomme ma bien-aimée épouse dona Maria-Christine, régente et gouvernante de toute la monarchie, pour qu'elle gouverne et l'administre seule jusqu'à ce que mon fils ou ma fille ait atteint l'âge de dix-huit ans accomplis.

» 12. Voulant que, pour le gouvernement du royaume, ma bien-aimée épouse puisse s'aider, le cas arrivant, des lumières et de l'expérience de personnes dont la fidélité et l'attachement à ma personne royale et à ma famille me sont bien connus, je desire qu'en même temps qu'elle se chargera de la régence du royaume, elle forme un conseil de gouvernement avec lequel elle aura à s'entendre pour les affaires difficiles, et particulièrement celles qui seraient de nature à porter quelques dommages au bonheur de mes sujets, mais sans toutefois qu'elle soit obligée, en aucune manière, de se conformer expressément aux volontés du conseil.

» 13. Ce conseil de Gouvernement se composera des personnes suivantes, et suivant l'ordre de nomination ci-après : S. Em. don Juan-Francisco-Marco y Catalan, cardinal de la sainte église romaine; le marquis de Santa-Cruz, le duc de Medina-Cœli, don François-Xavier Castagnos, le marquis de las Amarillas, le doyen actuel du conseil de Castille don Joseph-Maria Puig, le ministre du conseil des Indes don François-Xavier Caro. Pour suppléer à l'absence, pour cause de maladie ou de mort, de tous ou de quelques-uns des membres du susdit conseil de gouvernement, je nomme : dans la classe des ecclésiastiques, don Thomas Arias, auditeur de Rote en ce royaume; dans la classe des grands d'Espagne, le duc de l'Infantado et le comte d'Espagne; dans la classe des généraux, don Joseph de la Cruz, et dans celle de la magistrature, don Nicolas-Maria Gareli et don Joseph-Maria Hevia y Noriega, membres de mon conseil royal, lesquels, suivant l'ordre de leur nomination, seront suppléants des premiers; et en cas que quelques-uns de ces derniers viennent à manquer, je desire qu'il soient remplacés dans ces importantes fonctions par ceux qui sont nommés ensuite, et je veux que le secrétaire dudit conseil de gouvernement soit don Narciso de Heredia, comte d'Ofalia, et à son défaut don Francisco de Zea Bermudez.

» 14. Si, avant ou depuis mon décès, le susdit conseil de gouvernement déjà installé, quelques-uns des membres venaient à manquer, pour quelque cause que ce puisse être, ma bien-aimée épouse, en qualité de régente et gouvernante du royaume, nommera pour les remplacer des personnes qui mériteront sa confiance, réunissant d'ailleurs les qualités nécessaires pour remplir un emploi aussi important.

» 15. Si, ce qu'à Dieu ne plaise, ma bien-aimée épouse venait à décéder avant que le fils ou la fille qui doit me succéder ait atteint dix-huit ans accomplis, je veux et ordonne que la régence et le gouvernement du royaume, de même que la tutelle et curatelle, passent à un conseil de régence composé des individus désignés dans la clause 13 du présent testament, pour faire partie du conseil de gouvernement.

» 16. Je veux et ordonne que le conseil de régence, établie d'après la clause précédente, décide de toutes les affaires à la majorité des voix, la moitié plus une devant l'emporter.

» 17. J'institue et nomme pour mes héritiers uniques et universels, les fils ou filles que j'aurai au moment de mon décès, moins toutefois la cinquième partie de tous mes biens, que je lègue à ma bien-aimée épouse dona Maria-Christine de Bourbon, laquelle jouira à ce titre des avantages qu'accordent les lois du royaume, de même que pour la dot qu'elle m'a apportée en mariage, et pour tous les autres biens qui lui ont été constitués dans le contrat de mariage fait à Madrid le 5 novembre 1829. »

En conséquence, et sans préjudice des ordres que je donnerai, afin qu'il soit remis au conseil un exemplaire certifié du testament intégral, jugeant utile au bien de ce royaume que tous soient instruits des dispositions souveraines ci-dessus rapportées et des dernières volontés du roi don Ferdinand, mon cher et bien-aimé époux défunt, par lesquelles il a daigné me nommer régente et gouvernante du royaume, afin que moi seule gouverne et administre jusqu'à ce que mon auguste fille dona Isabelle II ait accompli sa dix-huitième année, j'ordonne en son nom qu'elle soient rendues publiques avec toute la solennité d'usage, et qu'elles aient force de loi comme pragmatique-sanction. J'espère de l'amour, de la fidélité et du recpect de tous les Espagnols pour leur roi défunt, pour son auguste fille qui lui a succédé, et pour les lois fondamentales, qu'ils applaudiront à cette sollicitude paternelle et que Dieu exaucera mes vœux, qui sont de maintenir, avec l'aide des lumières du conseil de gouvernement, la paix et la justice dans ce vaste royaume, et d'élever cette héroïque nation à ce degré de prospérité et de splendeur dont elle s'est rendue digne par son amour pour la religion, ses efforts et ses vertus.

Vous le tiendrez pour entendu, afin de le faire exécuter.

Signé de la main de la reine, au palais, 2 *octobre* 1833.

Au seigneur duc président du conseil.

8.

MANIFESTE DE S. M. LA REINE RÉGENTE.

Accablée de la plus profonde douleur de la perte subite de mon auguste époux et souverain, il n'y avait qu'une obligation sacrée, devant laquelle doivent céder tous les sentiments de cœur, qui pût me faire rompre le silence qui m'est commandé par la gravité de ma douleur et par le coup dont j'ai été si cruellement frappée. L'attente qu'excite toujours un nouveau règne est encore augmentée par l'incertitude concernant l'administration publique pendant la minorité du souverain. Pour dissiper cette incertitude, et éloigner l'inquiétude qu'elle produit dans les esprits, j'ai cru qu'il était de mon devoir d'annoncer franchement les principes que je suivrai constamment dans le gouvernement dont je suis chargée par les dernières volontés du roi, mon auguste époux, durant la minorité de la reine, ma chère et bien-aimée fille dona Isabelle.

La religion et la monarchie, premiers éléments de vie pour l'Espagne, seront recpectées, protégées et maintenues par moi dans toute leur vigueur et pureté. Le peuple espagnol trouvera dans son zèle inné pour le culte et la foi de ses pères, la plus complète garantie que personne n'osera lui commander l'obéissance, s'il ne respecte les objets sacrés de sa croyance et de son adoration. Mon cœur se plaît à coopérer et à présider à ce zèle d'une nation éminemment catholique, et à lui donner l'assurance que la religion immaculée que nous professons, sa doctrine, ses temples et ses ministres, seront le premier et le plus cher objet des soins de mon gouvernement.

J'éprouve la plus vive satisfaction en pensant que c'est un devoir pour moi de conserver intact le dépôt de l'autorité royale qui m'est confiée. Je maintiendrai religieusement la forme et les lois fondamentales de la monarchie, sans admettre des innovations dangereuses, quelque respectables qu'elles fussent dans leurs principes; car nous n'en avons que déjà trop éprouvé les effets pour notre malheur. La meilleure forme de gouvernement pour ce pays, c'est celle à laquelle il est accoutumé. Un pouvoir stable et compact, fondé sur les lois anciennes, respecté par la coutume, consacré par les siècles, est l'instrument le plus puissant pour opérer le bien des peuples, qui ne peut s'obtenir lorsque l'on affaiblit l'autorité, lorsque l'on combat les idées, les habitudes et les constitutions établies, en contrariant les intérêts actuels pour créer de nouvelles ambitions et de nouvelles exigences, en excitant les passions du peuple et en mettant les individus en lutte les uns avec les autres, et la société entière dans le désordre. Je transmettrai le sceptre des Espagnes aux mains de la reine, à qui la loi l'a donné, intact, sans diminution ni détriment, en un mot tel que la loi même le lui a donné; mais je ne laisserai point pour cela dans l'abandon, et sans en profiter, cette précieuse possession qu'elle attend.

Je connais les maux auxquels le peuple est en proie par suite des calamités que nous avons éprouvées, je m'efforcerai d'en alléger le poids. Je connais les vices que le temps et les hommes ont introduits dans les diverses branches de l'administration publique; je les étudierai d'une manière encore plus approfondie, et je ferai tous mes efforts pour les extirper. Les réformes administratives qui seules produisent immédiatement le bonheur et le bien-être, seul avantage d'une valeur positive pour le peuple, seront l'objet permanent de mes sollicitudes. Je consacrerai principalement mes soins à la diminution des impôts, en tant qu'elle sera compatible avec la sûreté de l'état et les besoins du service public, la droite et prompte administration de la justice, la sûreté des personnes et des propriétés, les secours que méritent toutes les sources de la richesse publique.

Pour cette grande tâche que je me suis imposée, de faire le bonheur de l'Espagne, j'ai besoin de la coopération unanime, de l'union de volontés et des efforts de tous les Espagnols, et je l'attends; tous sont fils de la patrie et également intéressés à son bonheur. Je ne rechercherai point les opinions qui ont été antérieurement émises; je ne prêterai point l'oreille à la calomnie ou à la médisance, je ne reconnaîtrai point comme des services conférant des droits, des intrigues obscures, ou des actes intéressés de fidélité et d'adhésion. Ni le nom de la reine, ni le mien, ne sauraient être la devise d'un parti. Le nom de la reine doit, ainsi que le mien, servir de bannière tutélaire à toute la nation; mon amour, ma protection, ma sollicitude sont pour tous les Espagnols.

J'observerai inviolablement les traités faits avec les autres puissances, et je respecterai leur indépendance; seulement je réclamerai de toutes les puissances cette fidélité et ce respect qui sont dus à l'Espagne à titre de réciprocité.

Si les Espagnols réunis concourent au but que je me propose, et si le ciel bénit nos efforts, je remettrai un jour cette grande nation, dont tous les maux auront disparu, à mon auguste fille, pour qu'elle achève l'œuvre de sa félicité, et étende et perpétue l'auréole de gloire et d'amour qui environne dans les fastes de l'Espagne l'illustre nom d'Isabelle.

Signé, MOI, LA REINE RÉGENTE.

Fait au palais de Madrid, le 4 octobre 1833

9.

DÉCRET DE PROSCRIPTION DE DON CARLOS,

L'*Estamento de Proceres* du royaume, prenant en considération la résolution remise par le gouvernement en vertu des ordres de S. M. la reine régente, sur la conduite de l'infant don Carlos, et adoptant l'avis de la commission chargée de l'examiner, déclare l'infant don Carlos Marie-Isidore de Bourbon, exclus avec toute sa ligne du droit de succession à la couronne d'Espagne. L'*Estamento* déclare également, de son propre mouvement, que l'infant don Carlos et toute sa ligne sont privés de la faculté de retourner dans les possessions et domaines de l'Espagne.

Soixante-douze membres votèrent, le seul comte de Taboada s'abstint de voter.

Le comte d'Altarès, l'archevêque de Burgos, l'évêque de Valladolid, les marquis de Camarasa, de Cenelbo et le comte de Cuba, n'assistèrent pas à cette séance.

10.

PROCLAMATION AUX BISCAYENS.

BISCAYENS,

Une faction anti-religieuse et anti-monarchique, introduite au pouvoir pendant la longue maladie de notre défunt souverain, a essayé de dominer l'Espagne et de nous remettre sous le joug de la révolution et de l'anarchie vaincues en 1823. Astucieuse et fausse, elle a supposé des lois fondamentales abrogées par des lois plus récentes, et transformant et altérant l'ordre légal et fondamental de la monarchie, avec une audace inouïe dans l'histoire, elle a prétendu faire partager à l'Espagne les horribles plans dont la propagande révolutionnaire se sert pour ruiner l'ordre social dans toute l'Europe.

Les trames générales et particulières marchaient de front au but qu'elles s'étaient proposé, et la fidélité renommée de cette terre glorieuse ne pouvait échapper à leurs ramifications.

La loyauté était écrite dans vos cœurs, qui paraissaient comprimés dans d'étroites limites, tant que l'existence du monarque opposait une digue à l'effusion de leurs sentimens. Mais lorsque la Providence a jugé à propos de l'appeler à elle, vous avez été électrisés par le plus noble et le plus pur patriotisme; vous avez rompu la chaîne de l'opprobre qui vous menaçait, et vous avez proclamé pour votre légitime souverain le magnanime et vertueux don Carlos-Marie de Bourbon, qui s'est montré entouré de l'amour de tous les Espagnols, pour cicatriser les plaies qu'avait fait naître dans la patrie le génie destructeur de tout ordre social.

Basques, persévérez avec fermeté, avec tous les bons Espagnols, dans votre sérieuse résolution!

La députation générale qui est à votre tête donnera le signal à votre ardent enthousiasme; et lorsque vos efforts, réunis à ceux de la monarchie, parviendront à placer sur le trône de saint Ferdinand, notre souverain chéri, don Carlos V, quel bonheur sera le vôtre, quand le monde entier apprendra que votre fidélité n'a pas dégénéré de celle de vos illustres et intrépides aïeux!

Bilbao, 5 octobre 1833.

Le marquis de VALDE-ESPINA; F. Xavier de BATIZ; Fernando de ZAVALA.

11.

PROCLAMATION AUX NAVARRAIS.

NAVARRAIS,

C'est pour la troisième fois que je me présente au champ de l'honneur; je suis chargé de faire valoir les légitimes droits que le segnor don Carlos V a à la couronne d'Espagne; il est notre roi par la loi fondamentale de 1713.

Unissons-nous tous pour défendre cette cause juste et sacrée, à laquelle se trouvent liés vos plus chers intérêts, votre religion, vos propriétés et une paix solide et durable. Unissez-vous sans retard à vos loyaux compagnons qui se sont soulevés sur divers point de ce royaume pour soutenir et placer sur le trône ce vertueux prince; que le malheur arrivé à Sandos-Ladron ne vous détourne pas; dans un autre temps vous avez vu tomber un Mina, un Cruchega, un Gorriz et autres qui défendaient ce royaume contre le pouvoir du colosse du monde, et aussitôt d'autres Navarrais les remplacèrent sans que la cause en souffrît; et au contraire, les rangs des royalistes augmentèrent; il en sera de même aujourd'hui; vous aurez des chefs qui méritent la confiance du pays, et rien ne vous manquera sous les armes.

La fidèle armée en observation sur le Tage, s'est pour la plupart prononcée pour don Carlos; celui-ci est entré à Badajoz, et se dirige vers la cour.

Point de vengeance, oubli du passé, et le décret d'amnistie sera religieusement observé.

Que *l'ordre, l'union et la valeur* soient votre devise, et le triomphe sera certain.

Burguete, 17 octobre 1833.

Le colonel Francisco-Benito de ERASO.

12.

DÉCRET ROYAL.

Mon cœur paternel, ardemment desireux de multiplier en faveur de mes loyaux vassaux les témoignages de ma gratitude et de mon amour; voulant récompenser les efforts extraordinaires de ces héroïques provinces, dans la mémoire du chef distingué qui, avec le secours du ciel, sut confondre la révolution usurpatrice, en couvrant de gloire la nation entière, et remplissant l'Europe d'étonnement; afin de perpétuer son illustre nom, et que par la juste rémunération due à la loyauté, il serve à jamais de noble émulation, de stimulant et de modèle à la fidélité et au mérite, je viens octroyer au capitaine-général de mes royales armée, don Tomas Zumalacarregui, grandesse d'Espagne de première classe, avec les titres de *duc de la Victoire*, comte de *Zumalacaregui*, pour lui, ses enfants et ses descendans légitimes, avec relèvement du paiement de lances et de demi-annates, me réservant de désigner, après l'extermination de l'usurpation, les propriétés et droit territoriaux qui doivent former la substitution attachée à la même grandesse, et soutenir perpétuellement l'éclat de la dignité à laquelle je l'élève; et ma souveraine volonté est qu'attendu le décès du gratifié, et faute d'enfants mâle, sa fille aînée dona Ignacia Zumalacarregui entre dès à présent en possession de cette grâce, laquelle passera d'elle à ses enfants mâles, et, si elle n'en avait point, à ses filles, et d'eux à leurs descendants nés de légitime mariage, en observant de préférence le degré d'âge, de sexe et de ligne établie pour les majorats réguliers d'Espagne.

Si dona Ignacia mourait sans succession légitime, la

grandesse et les biens passeront à sa sœur puînée dona Josef Zumalacarregui, en gardant le même ordre de succession établie pour la première; et si cette seconde venait également à décéder sans succession, ils reviendront, sous les règles ci-dessus établies, à la troisième dona Micaël Zumalacarregui et à ceux qui proviendront d'elle; et l'héritier et successeur de cette grandesse devra toujours prendre, pour premier nom, celui de *Zumalacarregui*, quel que soit celui de la famille dans laquelle à l'avenir elle pourrait entrer par des liens matrimoniaux, obligation à laquelle celui qui épousera ladite dona Ignacia, ou autre habile à succéder, demeure également soumis pendant la durée du mariage. Je veux en outre qu'à l'époque du rétablissement de la paix, les glorieuses cendres du général Zumalacarregui soient exhumées du simple tombeau où elles reposent aujourd'hui et transportées à Ormastegui, pour, après les préalables funérailles correspondantes, être déposées dans un digne mausolée avec toute la solennité, l'appareil et la pompe que saura déployer la province de Guipuzcoa, au patriotisme et au zèle de laquelle je confie l'exécution de ma présente volonté royale.

Qu'à la même époque il soit érigé dans ladite ville un monument public qui rappelle aux générations futures les gloires d'un aussi illustre vassale, et que son nom soit toujours le premier dans la liste des capitaines généraux de mes armées; enfin, j'ai pour agréable d'accorder à la duchesse veuve, l'écharpe de l'ordre des dames nobles de Marie-Louise.

Vous l'aurez pour entendu et en disposerez l'accomplissement.

Quartier royal de Villafranca, le 21 mai 1836.

MOI, LE ROI.

A don JUAN-BAPTISTA DE ERRO.

TABLE
DES MATIÈRES.

FIN DE LA TABLE.

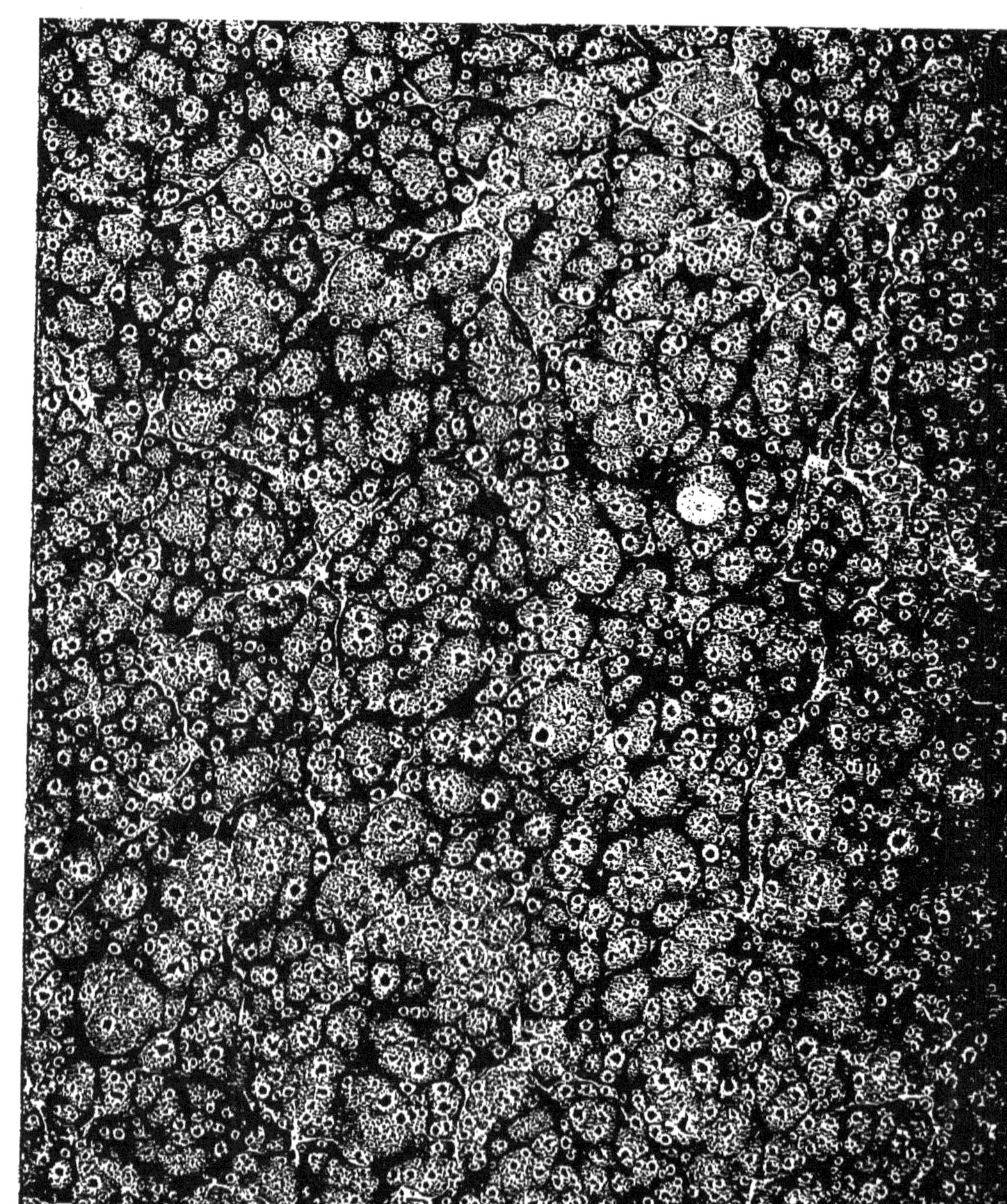

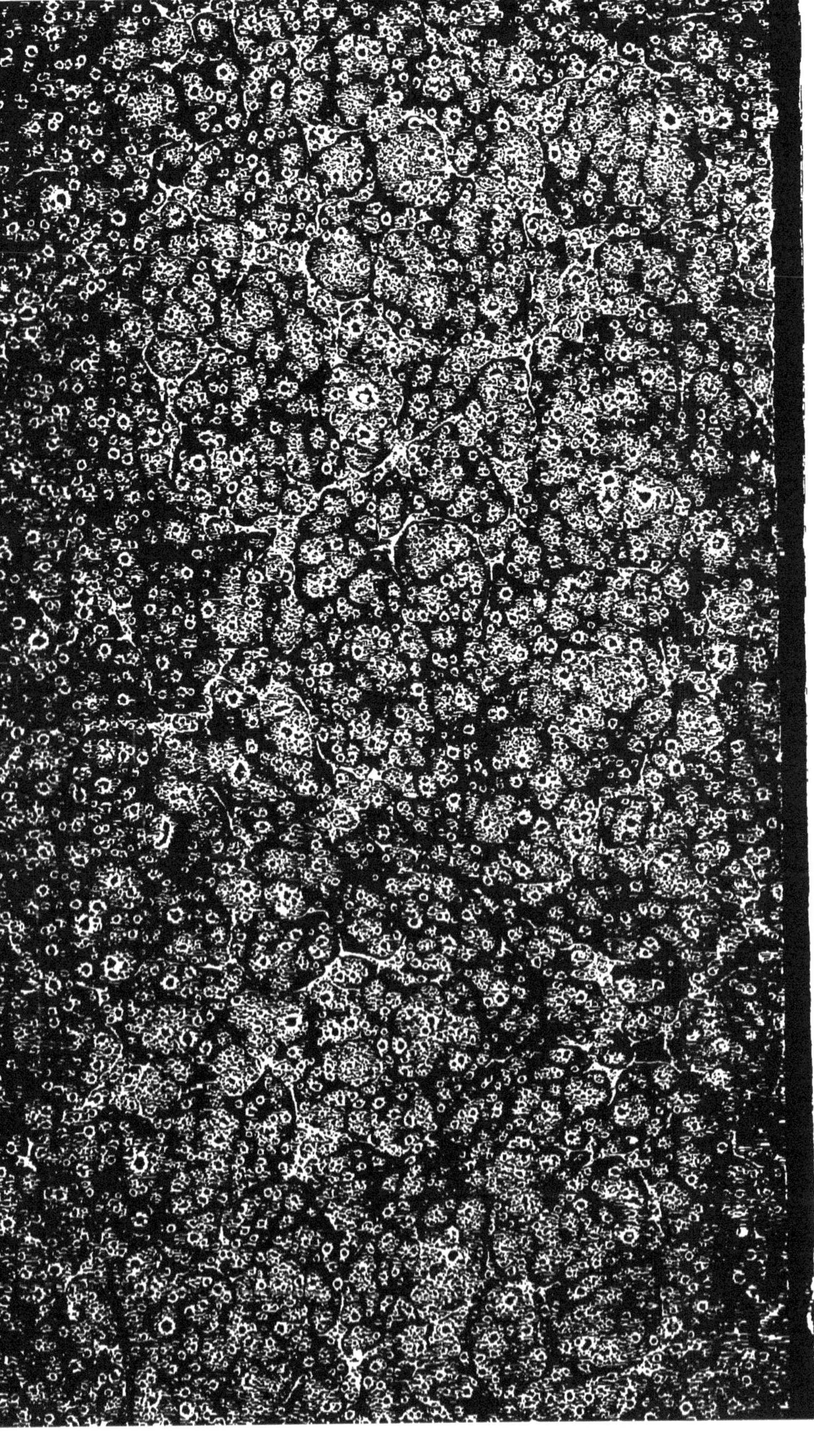

www.ingramcontent.com/pod-product-compliance
Ingram Content Group UK Ltd.
Pitfield, Milton Keynes, MK11 3LW, UK
UKHW020115200726
13856UKWH00002B/562